GEORG MARKUS
Zwischen den Zeiten

GEORG MARKUS

Zwischen den Zeiten

Momente, die Geschichte schrieben

Mit 59 Abbildungen

Amalthea
Verlag

Besuchen Sie uns im Internet unter: amalthea.at

© 2021 by Amalthea Signum Verlag, Wien
Alle Rechte vorbehalten
Umschlaggestaltung: Elisabeth Pirker/OFFBEAT
Umschlagmotiv: © Austrian Archives S/Imagno/picturedesk.com
Lektorat: Madeleine Pichler
Herstellung und Satz: VerlagsService Dietmar Schmitz GmbH, Heimstetten
Gesetzt aus der 12,75/17,35 pt Chaparral Pro Light
Designed in Austria, printed in the EU
ISBN 978-3-99050-211-2

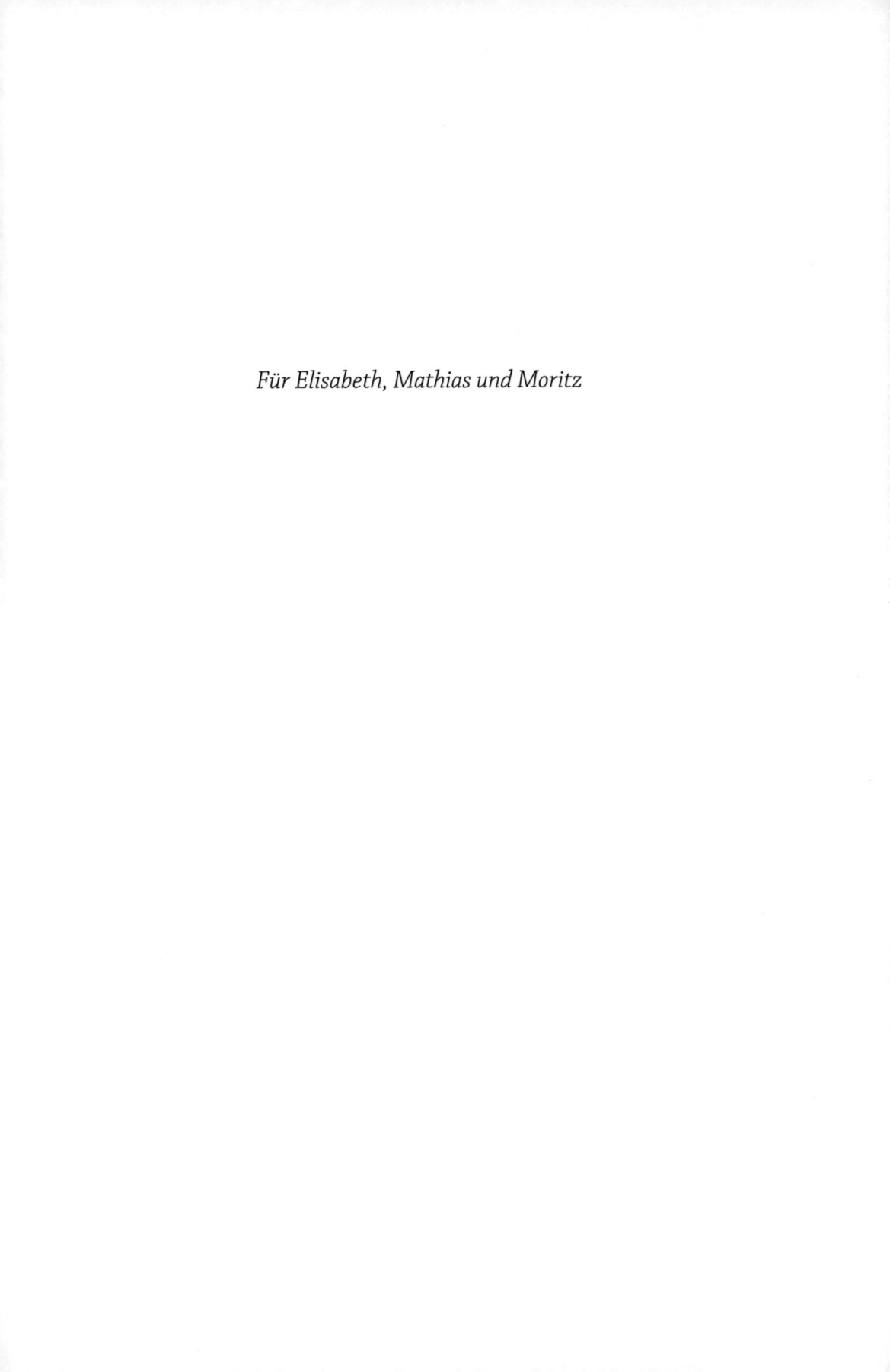

Für Elisabeth, Mathias und Moritz

INHALT

Vom Kaiser bis zum Qualtinger
Vorwort 15

OHNE KAISER GEHT'S NICHT I

Das Testament des Kaisers
Wer aller bedacht wurde 22

Keine zweite Frau für Franz Joseph
Aber intensive Bemühungen 31

Die Erzherzogin, die ihre Schwägerin liebte ...
... und nicht ihren Ehemann, Kaiser Joseph II. 34

KRIMINELLES

Die Gräfin, die 650 Menschen tötete
Der Fall Elisabeth Báthory 44

Liebe Grüße vom Frauenmörder
Die Untaten des Hugo Schenk 46

»Um ein freies Leben führen zu können«
Die blutigen Verbrechen der Martha Marek 50

Mord im Wiener Konzerthaus
Das Attentat auf eine ägyptische Prinzessin 53

»Es ist besser, Sie sehen den Leichnam nicht«
Der Mord an Emmerich Kálmáns Tochter 56

Im Kaffeehaus und in anderen Lokalitäten

Da waren's nur noch vier
Vom Verschwinden der Ringstraßencafés 64

Wo man sich »wia z'Haus« fühlt
Österreichische Gasthauskultur 68

»Es wird a Wein sein …«
Der Heurige ist über 1200 Jahre alt 71

Sperrstund is'
Der Beginn der Nachtruhe 75

WITZ, HUMOR UND ANEKDOTEN

Der Nachlass des Witzepräsidenten
Die größte Witzesammlung der Welt 80

»Wenn man sie überlebt«
Wie der britische Humor entstand 85

»Haben Sie hier Extrapreise oder ich?«
Anekdoten aus Österreich 89

STRASSEN, GEGENDEN UND GEBÄUDE

»Aber dann zieht sich der Weg«
Die wechselvolle Geschichte der Kärntner Straße 96

Straße der Prominenz
Die Rotenturmstraße 100

Wieder Fußgängerzone
Die Wiener Mariahilfer Straße 103

Venedig in Wien
Eine vergessene Gegend im Prater 107

Rettung im letzten Moment
Die Wiener Sofiensäle 111

BERUFE

Seine Majestät, der Hauswart
Porträt eines Originals 116

Zigarrengeschäft mit Doppeladler
Die Institution des Trafikanten 119

Figaro hier, Figaro da
Leibfriseur im Frack 122

Die Wahrheit über den Zölibat
Ursprünglich durften Priester heiraten 126

OHNE KAISER GEHT'S NICHT II

Die beste Reiterin der Welt
Kaiserin Elisabeth liebte es hoch zu Ross 130

Das Jagdschloss des Kaisers
Die Sommerresidenz in Mürzsteg 134

Der dritte Bruder des Kaisers
Der unbekannte Erzherzog Karl Ludwig 137

UNSERE NACHBARN

Wie die Deutschen zu Piefkes wurden
Die Geschichte einer Hassliebe 144

Die Tänzerin und der König
Eine ungewöhnliche Lovestory 148

In die Falle getappt
Hitlers falsche Tagebücher 152

LETZTE RUHE

»Mehr Licht«
Letzte (und vorletzte) Worte 158

Ruhe in Unfrieden
Wie »prominente Leichen« gestohlen wurden 162

Habsburgs letzte Ruhestätte
Die Kapuzinergruft 166

Geliebt auch im Tode
Die Ehrengräber am Wiener Zentralfriedhof 168

Ein Friedhof im Zentrum von Wien
Die Toten vom Philipphof 172

Zeitzeugen

»Was hätte mein Vater denn anderes tun sollen?«
Der Sohn des letzten Kanzlers der Ersten Republik 178

Aus dem Leben eines vergessenen Filmstars
Liane Haid, vom Stumm- zum Tonfilm 183

Klimts Schwiegertochter
Was aus dem Nachlass wurde 187

Adel verpflichtet

»Für mich bleibt er Prinz«
Aus der Familienchronik der Schwarzenbergs 194

Liechtensteins Fürsten aus Österreich
Eine Familiengeschichte 198

Die Könige vom Traunsee
Wie die Hannoveraner Österreicher wurden 202

Literarisches

So liebte Casanova
Aus dem Leben eines Frauenhelden 208

Die Welt steht auf kein Fall mehr lang
oder Der Komet kommt! 212

Dichter und Tierfreund
Ignaz Castelli 218

»Ich sehe mit meiner Seele«
Die taubblinde Schriftstellerin Helen Keller 222

Wenn Dichter in den Krieg ziehen
Berühmte Schriftsteller als Berichterstatter im Feld 225

MUSIKALISCHES

Das Geheimnis der Stradivari
Die teuersten Geigen der Welt 232

Ein Österreicher, den man nur in Frankreich kennt
Der Komponist Ignaz Pleyel 235

Im Schatten der »Sträusse«
Joseph Lanner, der Erfinder des Dreivierteltakts 238

Wohnen in Lehárs Schlössl
Zu Besuch im historischen Anwesen des Komponisten 242

Ohne Kaiser geht's nicht III

Horror-Weihnachten im Kaiserhaus
Ein stimmungsloses Fest bei den Habsburgern 248

Otto und seine berühmten Ahnen
Ein Habsburger über die Habsburger 253

Qualtinger intim

»Ich schlepp ihn über die Runden«
Aus den privaten Briefen der ersten Frau Helmut Qualtingers 260

Quellenverzeichnis 291
Bildnachweis 294
Namenregister 295

Vom Kaiser bis zum Qualtinger

Vorwort

Die Momente, die »Zwischen den Zeiten« Geschichte schrieben, umspannen im Wesentlichen das Jahrhundert, das zwischen Kaiser Franz Joseph (*1830) und Helmut Qualtinger (*1928) liegt. Dem alten Kaiser ist das erste Kapitel gewidmet, dem legendären Kabarettisten das letzte. Ich beginne hier mit dem Schluss, denn das Qualtinger-Kapitel ist vielleicht das brisanteste, auf jeden Fall das aktuellste. Sein Zustandekommen ist damit zu erklären, dass mir die private Korrespondenz von Qualtingers erster Frau Leomare zugespielt wurde, in der es um nichts anderes geht als um Helmut Qualtinger. Mehr als fünfzig Briefe zeigen ihn in seiner ganzen Vielschichtigkeit, seinem Genie, seinen Problemen mit sich selbst und seinem ewig kindlichen Gemüt. Die Briefe, eine Art Tagebuch, werden hier zum ersten Mal veröffentlicht.

Das Qualtinger-Kapitel erzählt von den Jahren einer Beziehung, von der großen Liebe über eheliche Untreue bis zur Trennung, all das, was den Menschen und Ausnahmekünstler Qualtinger ausmacht. In den Briefen geht es um die fast unerträgliche Anspannung vor Premieren, um Tourneen, Depression und andere Krankheiten, um Alkohol und die immer wiederkehrenden Versuche, davon loszukommen. Leomare schildert aber auch den Selbstmord von Qualtingers engstem Freund Erich Neuberg, der beim *Herrn Karl* Regie geführt hat. Erwähnt werden Begegnungen mit Erich Kästner, Curd Jürgens, Fritz Kortner und Heimito von Doderer. Die letzten Seiten der Korrespondenz zeigen, dass sich Qualtinger für eine andere Frau, Vera Borek, entscheidet, an deren Seite er mehr als ein Jahrzehnt verbringen wird.

»Ohne Kaiser geht's nicht I« lautet der Titel des ersten Überkapitels. Dass es auch ohne Kaiser geht, beweisen mehr als hundert Jahre Republik – aber in einem Buch, das sich vorwiegend mit der Geschichte Österreichs beschäftigt, geht's eben doch nicht ohne Monarchen. Das erste Kaiser-Kapitel behandelt »Das Testament des Kaisers«. Das zu seinem Todeszeitpunkt gültige Exemplar stammt aus dem Jahr 1901 und gibt detailliert Auskunft darüber, wem Franz Joseph sein großes in Wertpapieren und Barschaften angelegtes Vermögen, seine Schlösser und Anwesen hinterließ.

»Keine zweite Frau für Franz Joseph« handelt davon, dass es nach dem Tod seiner »Sisi« bei Hof intensive Bestrebungen gab, den Kaiser noch einmal zu verheiraten. Es ist interessant, wer da aller zur Wahl stand und dass fast alle »Kandidatinnen« aus der nahen Verwandtschaft stammten. Aber der Kaiser hatte offensichtlich kein Interesse an den Versuchen, ihn zu verkuppeln.

Das Kapitel »Die Erzherzogin, die ihre Schwägerin liebte« begibt sich »Zwischen den Zeiten« doch noch weiter zurück, nämlich ins 18. Jahrhundert, in dem Kaiser Joseph II. mit seiner Frau Isabella lebte. Doch sie liebte weniger ihren Mann als ihre Schwägerin Marie Christine. Auch hier liegt eine intime Korrespondenz vor, die Zeugnis von einer großen Leidenschaft ablegt: »Ich kann an nichts anderes denken, als an die Liebe zu Dir«, schreibt Isabella an Marie Christine. »Ich liebe Dich wie eine Wahnsinnige.«

Es folgt eine Mischung weiterer historischer Kurzgeschichten mit dem Übertitel »Kriminelles«. Da ist von einer Gräfin die Rede, die mehr als sechshundert Menschen auf dem Gewissen hat. Es geht um einen Frauenmörder, der gegen Ende des 19. Jahrhunderts mittels Heiratsinseraten an seine Opfer herankam. Die Wienerin Martha Marek tötete Menschen, die sie vorher dazu gebracht hatte, Testamente zu ihren Gunsten aufzusetzen. Weitere Kapitel handeln von einem Eifersuchtsattentat im Wiener Konzerthaus und dem Mord an der Tochter des berühmten Operettenkomponisten Emmerich Kálmán.

»Zur Erholung« wird dem Leser in den darauffolgenden Kapiteln leicht Verdauliches – ohne jegliches Blutvergießen – geboten. Das Überkapitel »Im Kaffeehaus und in anderen Lokalitäten« erzählt von den einst 29 Wiener Ringstraßencafés, von denen gerade noch vier übrig geblieben sind, weiters von der österreichischen Gasthauskultur und der sehr Wienerischen »Sperrstund'«. In »Witz, Humor und Anekdoten« darf gelacht werden, unter anderem über die größte Witzesammlung der Welt, die sich in Österreich befindet. Über »Straßen, Gegenden und Gebäude« gelangen wir zu den sehr wienerischen Berufen wie Hausmeister, Trafikant und Friseur.

Um die Themen, die von der Monarchie und ihren Repräsentanten erzählen, ein wenig aufzuteilen, habe ich etwa zur Mitte des Buches das Überkapitel »Ohne Kaiser geht's nicht II« platziert. Darin wird Kaiserin Elisabeth als weltweit beste Reiterin ihrer Zeit vorgestellt, wir begeben uns in Franz Josephs Jagdschloss Mürzsteg und lernen den einzig unbekannten Bruder des Kaisers kennen: Erzherzog Karl Ludwig, der in der Geschichte Österreich-Ungarns eine größere Rolle spielte, als man gemeinhin annimmt.

Mit »Unsere Nachbarn« sind die Deutschen gemeint, über die wir erfahren, wie sie zu »Piefkes« wurden. Oder dass Bayernkönig Ludwig I. der Tänzerin Lola Montez dermaßen verfallen war, dass er ihretwegen auf den Thron verzichten musste und für den Rest seines Lebens ein gebrochener Mann war. Und man liest, wie es zu den gefälschten »Hitler-Tagebüchern« kam.

Auch der Tod darf in einem österreichischen Geschichten- und Geschichtsbuch nicht fehlen. In »Letzte Ruhe« werden die letzten Worte historischer Persönlichkeiten und der Diebstahl »prominenter Leichen« geschildert. Es werden aber auch »Habsburgs letzte Ruhestätte« und die Ehrengräber am Wiener Zentralfriedhof vorgestellt.

Unter »Zeitzeugen« firmieren Kurt Schuschnigg jun., der Sohn des letzten Bundeskanzlers in der Ersten Republik, die Schauspielerin Liane Haid und Gustav Klimts Schwiegertochter, die heute, mehr als hundert Jahre nach dem Tod des Malers, in Wien lebt.

In »Adel verpflichtet« beschreibe ich drei aristokratische Familien: die Schwarzenbergs, die Liechtensteins und die seit eineinhalb Jahrhunderten im österreichischen Exil lebenden Prinzen von Hannover, deren Vorfahren einst britische Könige waren.

»Literarisches« heißt ein weiteres Überkapitel, in dem wir Casanova, Nestroy, der taubblinden Helen Keller und anderen Schriftstellern begegnen. »Musikalisches« erzählt die Geschichte der Stradivari-Geigen und das Leben von Joseph Lanner, der zwar den Dreivierteltakt erfunden, aber sein Leben im Schatten der Strauss-Dynastie verbracht hat. Und ich statte dem Schlössl, in dem Franz Lehár viele Jahre lebte, einen Besuch ab.

Danach heißt's »Ohne Kaiser geht's nicht III«, mit einer Schilderung mehrerer Horror-Weihnachtsfeste in der Hofburg. Und: Wie

Otto von Habsburg seine wichtigsten Ahnen einschätzte. Zu guter Letzt sind wir dann bei dem erwähnten Qualtinger-Kapitel angelangt.

Festhalten möchte ich, dass dieses Buch in der vorliegenden Form nicht erschienen wäre, wäre mir nicht meine Frau Daniela mit Rat und Tat zur Seite gestanden. Es ist, wie viele meiner Bücher, in Gesprächen mit ihr und im Austausch von Ideen entstanden, sie war und ist es, die mir immer wieder den Weg ebnet, einem Thema nachzugehen, das sich als ergiebig erweisen sollte. Hätte ich manchmal schon aufgegeben, ein neues historisches Detail zu finden, dann war sie es, die mich zur Ausdauer bestärkt hat.

Ihnen, liebe Leserin, lieber Leser, wünsche ich »Zwischen den Zeiten« viel Vergnügen bei der Lektüre dieses Buches.

Georg Markus
Wien, im August 2021

Danksagung
Mein Dank gilt Michael Böhm, Vera Borek, Gabriela Grüll, Otto von Habsburg (†), Anastasia Hacker (†), Liane Haid (†), Thomas Just, Hermine Kreuzer, Christian Qualtinger, Maria Zdislava Röhsner, Christoph Schmetterer, Kurt von Schuschnigg jun. (†), Ursula Ucicky, Peter Weinhäupl sowie Katarzyna Lutecka, Madeleine Pichler und Sophia Coper vom Amalthea Verlag und Dietmar Schmitz.

OHNE KAISER
GEHT'S NICHT I

Das Testament des Kaisers
Wer aller bedacht wurde

Kaiser Franz Joseph war ein sehr vermögender Mann. Dementsprechend umfangreich sind die drei Testamente, die er in seinem Leben verfasst hat. Wo die beiden ersten – aus den Jahren 1889 und 1899 – verblieben sind, ist unbekannt, gültig ist ohnehin nur das vom 6. Februar 1901. Die ersten beiden Testamente wurden nach Kronprinz Rudolfs beziehungsweise Kaiserin Elisabeths unerwarteten Todesfällen erstellt, zumal durch diese Tragödien zwei wichtige Erben verstorben waren. Das erhalten gebliebene Testament aus dem Jahr 1901, das tatsächlich für die Rechtsnachfolge nach dem Kaiser relevant war, befindet sich im Wiener Haus-, Hof- und Staatsarchiv. Ich hatte Gelegenheit, dort Einblick zu nehmen.

Kaiser Franz Joseph war 27 Jahre lang ein »armer Kaiser«, denn sein Onkel und Vorgänger Ferdinand I. hatte 1848 zwar auf den Thron, nicht aber auf das stattliche kaiserliche Vermögen und seine großen Ländereien verzichtet, die jährlich viele Millionen abwarfen. Erst 1875, nach dem Tod seines Onkels, der trotz seines schwachen körperlichen Zustands 82 Jahre alt geworden war, verfügte Franz Joseph über ein ansehnliches Vermögen, da ihn Ferdinand als seinen Alleinerben eingesetzt hatte.

Franz Josephs Nachlass war in mehrere Gruppen unterteilt: Zu seinem *Privatfonds* zählten des Kaisers persönliche Besitzungen, wie etwa Kaiservilla und Villa Gries in Bad Ischl, das Jagdhaus Offensee, die Ländereien um Persenbeug, Schloss Wallsee oder die Hermesvilla im Lainzer Tiergarten. Dazu noch ein stattliches Vermögen, das in Wertpapieren und Barschaften angelegt war.

Andere Vermögensteile und Güter in Ungarn, der Tschechoslowakei oder Laxenburg bei Wien gehörten zum *Familienfonds*. Den bei Weitem wertvollsten und prächtigsten Besitz stellte das *Hofärar* dar. In diese Gruppe fielen Schloss Schönbrunn, Belvedere, die Hofburg in Wien und Innsbruck, die Salzburger Residenz sowie Schloss Ofen, Miramare, die Prager Burg und ein Großteil der Kronjuwelen. Sowohl *Hofärar* als auch das *Kaiser Franz Joseph-Fideikommiss,* zu dem weitere Ländereien zählten, waren im Staats- beziehungsweise Familienbesitz, sollten aber dem jeweiligen Träger der Krone zur Verfügung stehen – ab 1916 also Kaiser Karl I.

Was sein Privatvermögen betrifft, ernannte Franz Joseph laut Testament »zu Erben Meines beweglichen und unbeweglichen Vermögens zu drei Theilen

1. Meine Tochter Gisela, vermählte Prinzessin von Bayern,
2. Meine Tochter Marie Valerie, vermählt mit Erzherzog Franz Salvator,
3. Meine Enkelin Erzherzogin Elisabeth Marie, hinterlassene Tochter Meines verewigten Sohnes, Kronprinzen Rudolfs.«

Das Privatvermögen, das unter den beiden Töchtern und der Enkelin aufzuteilen war, umfasste zum Zeitpunkt des Todes Kaiser Franz Josephs 46 Millionen Kronen*.

»Franz Joseph traf in seinem Testament auch gleich Regelungen für die Aufteilung des Nachlasses zwischen seinen drei Erbinnen«, schreibt der Jurist und Historiker Christoph Schmetterer in seinem Kommentar zu den letztwilligen Verfügungen Kaiser Franz Josephs. Und weiter: »Marie Valerie (die jüngere Tochter, Anm.) sollte die Immobilien erhalten und die beiden anderen Erbinnen Gisela und Elisabeth dafür in bar abfinden. Aus den Akten zum Verlassenschaftsverfahren geht hervor, dass die Aufteilung des Erbes ohne Schwierigkeiten durchgeführt wurde.«

Der Kaiser legte darüber hinaus Wert darauf, aus seinem Privatvermögen »jene Diener Meines Hofstaates« zu bedenken, »welche zur Zeit Meines Hinscheidens bei Meiner Person in Verwendung stehen (Kammerpersonale, Leibjäger, Leiblakaien, Hausdiener)«. Ihnen sollte es laut Testament freistehen, »entweder in den Pensionsstand zu treten oder je nach ihrer Tauglichkeit fortzudienen. In beiden Fällen soll ihnen außer ihren Hofstaatsbezügen die Hälfte der zuletzt bezogenen Gehälter aus Meinem Privatvermögen als lebenslängliche Jahreszulage gesichert bleiben.« Franz Joseph gab jährlich knapp 75 000 Kronen für Pensionen und Gnadengaben aus, sein Kammerdiener Eugen Ketterl erhielt darüber hinaus eine Jahreszulage von 2200 Kronen, die nach des Kaisers Tod ausbezahlt wurde.

---

* Die Summe entspricht laut Statistik Austria im Jahr 2021 einem Betrag von rund 65 Millionen Euro.

Der Kaiser setzte seine Töchter Gisela und Marie Valerie sowie seine Enkelin
Elisabeth als Erben »Meines beweglichen und unbeweglichen Vermögens« ein:
Seite 1 aus Franz Josephs Testament

Weiters seien, da »Mich der Allmächtige mit irdischen Gütern reichlich gesegnet hat«, mit einer nicht näher genannten Summe Hilfsbedürftige zu unterstützen.

Nicht genug damit, zahlte der Kaiser »an drei Verwandte erhebliche Renten«, die auch von seinen Erbinnen zu leisten waren, nämlich jährlich 100 000 Kronen an Stephanie Fürstin Lónyay, die wiederverheiratete Witwe seines Sohnes Rudolf, jährlich 60 000 Kronen an Mathilde Gräfin Trani*, eine verwitwete jüngere Schwester von Kaiserin Elisabeth, und jährlich 3200 Kronen an Elisabeth von und zu Liechtenstein, eine Tochter seines Bruders Karl Ludwig**.

Franz Joseph war es wichtig, sich in seinem Testament von seinen »geliebten Völkern« zu verabschieden. »Ihnen sage ich vollen Dank für die treue Liebe, welche sie Mir und Meinem Hause in glücklichen Tagen wie in bedrängten Zeiten besthätigten. Das Bewusstsein dieser Anhänglichkeit that Meinem Herzen wohl und stärkte Mich in der Erfüllung schwerer Regentenpflicht. Mögen sie dieselben patriotischen Gefühle Meinem Regierungsnachfolger bewahren.« Worte des Dankes sprach er in seinem Letzten Willen auch seiner »Armee und Flotte« aus. Die Danksagungen sind die einzigen Teile des Testaments, die nach Franz Josephs Tod veröffentlicht wurden.

»Diese Meine letztwilligen Verfügungen erkläre Ich als die ausschließlich allein giltigen. Sie sind in zwei gleichlautenden Exemplaren ausgefertigt, von welchen ein Exemplar bei dem Ministerium Meines Hauses und des Äußeren verwahrt wird. Alle anderen, wo

---

* Siehe auch Seite 32
** Siehe auch Seiten 137–141

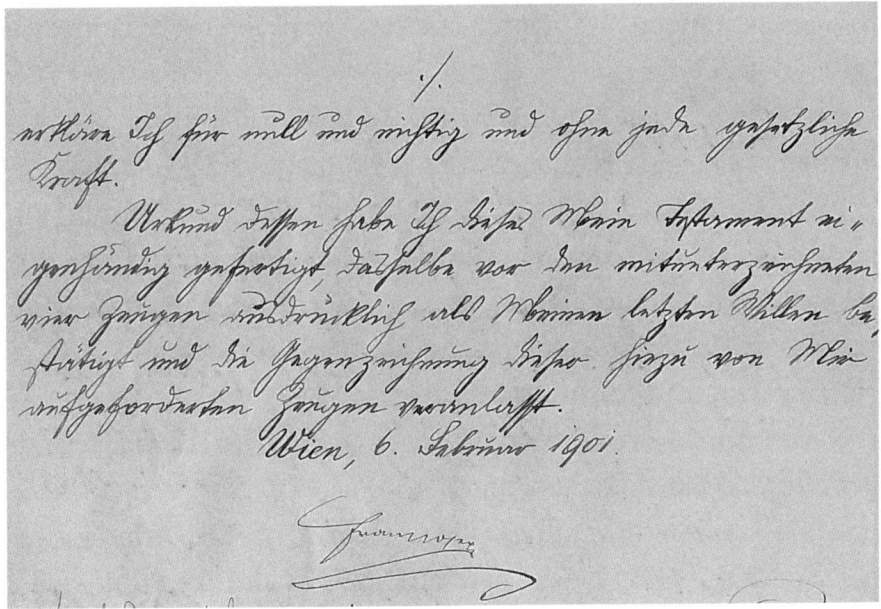

Die letzte Seite des Testaments Kaiser Franz Josephs mit seiner eigenhändigen Unterschrift, ausgefertigt am 6. Februar 1901

immer sich befindlichen und wie immer lautenden früheren letztwilligen Verfügungen erkläre ich für null und nichtig und ohne jede gesetzliche Kraft ... Wien, 6. Februar 1901 Franz Joseph.«

Ursprünglich sollte auch Katharina Schratt an der Erbschaft teilhaben. Das belegt ein Brief, den Franz Joseph kurz nach der Kronprinzentragödie im Jahr 1889 an seine »Seelenfreundin« schrieb: »Ich habe Sie so bedacht, dass Sie auch nach meinem Tode von Sorgen frei sein können.«

In einem vier Wochen später aufgesetzten Konzept, betitelt »Letztwillige Verfügung«, hielt der Kaiser fest: »Der Schauspielerin Frau Katharina von Kiss geb. Schratt, mit welcher Mich innigste und wärmste Freundschaft verbindet, und welche der Kaiserin und Mir in der schwersten Stunde unseres Lebens in treuer Anhänglichkeit beigestanden ist, vermache ich aus Meiner Handkasse 500 000 Gulden*.«

Als es jedoch zur Schlussfassung kam, meinten Franz Josephs Berater, dass »die Frau Schratt im Testament nicht vorkommen« könne. Eine Bürgerliche, noch dazu Schauspielerin, im Letzten Willen eines Monarchen zu erwähnen, war einfach undenkbar. Tatsächlich erhielt Franz Josephs Freundin noch zu Lebzeiten des Kaisers erhebliche Geldsummen und wertvollen Schmuck, wurde dafür aber im Testament nicht bedacht.

Nach dem Zusammenbruch der Monarchie wurden die Habsburger-Besitzungen in sämtlichen Nachfolgestaaten enteignet, lediglich in der nunmehrigen Republik Österreich blieben die im *Privatfonds* genannten Güter im Eigentum der Familie. Jene Mitglieder des ehemaligen Herrscherhauses, die nicht auf Thronfolge und andere Vorrechte verzichteten, wurden des Landes verwiesen.

Unter der nationalsozialistischen Herrschaft wurde auch das Privatvermögen der Familie Habsburg-Lothringen großteils beschlagnahmt. Das ursprüngliche Habsburgergesetz, in dem Vermögen und Rechtsfragen geregelt waren, stammt aus dem Jahr 1919. Es wurde 1955 auch in den Österreichischen Staatsvertrag aufgenommen.

Als das gültige Testament des Kaisers im Jahr 1901 aufgesetzt wurde, war die Schreibmaschine schon erfunden, doch Franz Joseph lehnte derartige technische Geräte (wie etwa auch das Telefon) ab. Daher wurde sein Letzter Wille handschriftlich verfasst, wobei nur die Unterschrift von ihm selbst stammt, der Wortlaut des Testaments wurde einer Kanzleikraft diktiert.

---

* Die Summe entspricht laut Statistik Austria im Jahr 2021 einem Betrag von rund 5,5 Millionen Euro.

Das gültige Testament wurde zu späteren Zeitpunkten durch zwei Ergänzungen (Kodizille) vervollständigt. Das erste Kodizill vom 16. November 1913 kam auf Initiative des Thronfolgers Franz Ferdinand zustande. Es beschäftigt sich mit einer möglichen Witwenzahlung an Herzogin Sophie von Hohenberg, für den Fall, dass ihr Mann vor ihr sterben sollte. Die zweite Ergänzung wurde am 29. Juni 1916, also ein halbes Jahr vor dem Tod des Kaisers, erstellt.

Der Grund für dieses zweite Kodizill war die Ehe seiner Enkelin Elisabeth – die später als »rote Erzherzogin« bekannt gewordene Tochter des Kronprinzen Rudolf. Diese Ehe galt als gescheitert, weshalb sie und ihr Mann, Otto Fürst Windisch-Graetz, getrennt zur Audienz beim Kaiser erschienen. »Es scheint sich zu bewahrheiten, dass eine Scheidung bevorsteht, denn dass die Familienmitglieder einzeln und an verschiedenen Tagen empfangen werden, ist abnorm«, notierte Franz Josephs letzter Adjutant Adalbert von Spanyi in sein Tagebuch.

In dem zweiseitigen Kodizill findet sich eine Änderung, die den Beweis erbringt, dass sich des Kaisers Enkelin Elisabeth und ihr Mann – wohl auf »Befehl« Franz Josephs – doch wieder zusammengerauft haben. Denn der Kaiser bewilligte »dem Gemahle Meiner Enkelin Elisabeth Maria, Otto Fürsten zu Windisch-Graetz, auf Grund der jüngst geschlossenen ehelichen Versöhnung und auf die Dauer des hiedurch geschaffenen ehelichen Zusammenlebens vom 1. Juli 1916 an eine Rente von jährlich fünfzigtausend Kronen* aus Meiner Privatkassa.«

---

* Die Summe entspricht laut Statistik Austria im Jahr 2021 einem Betrag von rund 72 000 Euro.

Die großzügige finanzielle Abgeltung hat ihre Wirkung nicht verfehlt, auf Dauer war die Ehe aber nicht zu retten. Tatsächlich sollten noch 32 Jahre vergehen, bis sie 1948 endgültig geschieden wurde.

Mit der Urkunde, in der der Nachlass des Familienvermögens (*Fideikommiss,* eine Art Stiftung) geregelt wurde, wollte Franz Joseph seinem Nachfolger nicht dieselben Probleme bereiten, unter denen er selbst als »armer Kaiser« bis 1875 gelitten hatte. Daher beschloss er, seinem damaligen Thronfolger Franz Ferdinand »aus Unserem Privatfonde eine Vermögensmasse von rund Sechzig Millionen Kronen ... zu widmen«. Tatsächlich erhalten hat den Betrag dann sein Nachfolger Kaiser Karl I.

Franz Joseph hat sogar Vorkehrungen für den schlimmsten aller Fälle getroffen: »Wenn im Laufe der Begebenheiten und der geschichtlichen Entwicklung die Regierungsform der österreichisch-ungarischen Monarchie eine Änderung erfahren und, was Gott verhüten möge, die Krone nicht bei Unserem Hause bleiben sollte, so werden für die Succession in das hier begründete *Fideikommiss* lediglich die privatrechtlichen Grundsätze zur Anwendung kommen, wie dieselben durch das allgemeine bürgerliche Gesetzbuch ... derzeit in Kraft bestehen.«

Die Verlassenschaft war laut einem Beschluss aus dem Jahr 1855 zum Teil steuerfrei. Christoph Schmetterer: »Damals war entschieden worden, dass bei Erbanfällen innerhalb des Herrscherhauses die Erbgebühr nur für Immobilien entrichtet werden musste, nicht aber für bewegliches Vermögen.« Dabei blieb es auch bei späteren Regelungen bis zum Ende der Monarchie.

Am 9. Oktober 1918 wurde der Nachlass Kaiser Franz Josephs seinen drei Erbinnen eingeantwortet. Gut einen Monat später endete die Regentschaft der Habsburger. Ihre Erbschaft blieb den Erbinnen auch in der Republik Österreich erhalten, da es sich dabei um Privatvermögen im Sinne des Habsburgergesetzes handelte. Allerdings gingen weite Teile, sofern sie in Bargeld und in Wertpapieren angelegt waren, durch die Inflation der 1920er-Jahre verloren.

Keine zweite Frau für Franz Joseph
Aber intensive Bemühungen

Nach dem tragischen Tod der Kaiserin Elisabeth gab es am Hof ebenso ernsthafte wie intensive Bemühungen, eine zweite Ehefrau für den verwitweten Kaiser zu finden. Vor allem Erzherzogin Marie Valerie verfolgte diesen Plan vehement, da sie darunter litt, mitansehen zu müssen, wie ihr Vater zunehmend vereinsamt in seinen Palästen saß.

Auch dem britischen Botschafter Sir Horace Rumbold waren die Kuppelversuche zu Ohren gekommen, und so berichtete er seinem Außenminister nach London, dass man in Hofkreisen an die Schwägerin des Monarchen, Erzherzogin Maria Therese, die Witwe nach seinem Bruder Erzherzog Karl Ludwig[*], dachte, die 43 Jahre alt war und die der Kaiser persönlich sehr schätzte. Eine solche Ehe hätte auch den Vorteil gehabt, dass Erzherzog Franz Ferdinand nicht nur als Neffe, sondern auch als Stiefsohn des Kaisers der Thronerbe wäre.

---

[*]   Siehe auch Seiten 137–141

31

*Sollte mit dem Kaiser »verkuppelt«
werden: Mathilde von Trani, eine
jüngere Schwester der Kaiserin
Elisabeth*

Doch Marie Valerie, so verkündeten die Hofauguren, hatte eine jüngere Prinzessin aus dem Hause Bourbon-Orléans im Auge. Allerdings vertraute die Erzherzogin ihrem Tagebuch an, dass für ihren fast siebzigjährigen Vater nur Elisabeths 47-jährige Schwester Mathilde in Betracht käme. Mathilde – wegen ihrer hohen Piepsstimme in der Familie »Tante Spatz« genannt – war bis zu dessen Tod mit dem Grafen Ludwig von Trani verheiratet, mit dem sie eine allseits bekannt schlechte Ehe geführt hatte. Der Graf war alkoholkrank und betrog sie ständig, aber auch ihr wird ein Verhältnis mit einem jungen Offizier nachgesagt. Mit der Gräfin Mathilde Trani als Ehefrau wäre Franz Joseph wohl vom Regen in die Traufe gekommen, war sie doch wie ihre ältere Schwester »Sisi« ständig auf Reisen. Ihr Mann Ludwig, mit dem sie eine Tochter hatte, war 1886, zwölf Jahre vor der Kaiserin Elisabeth, gestorben.

Franz Joseph wollte von den Bemühungen seiner engeren Verwandtschaft nichts wissen, sonst hätte er sich als Doyen der europäischen Monarchen ja für eine der zweifellos bereitwillig zur Verfügung stehenden Damen entschieden.

Die Kaiserin selbst hatte einen ganz anderen Plan für ihren Mann ausgeheckt. Elisabeth befürchtete schon acht Jahre vor ihrem Ableben eine mögliche Einsamkeit des Kaisers – zum ersten Mal am 28. Mai 1890, als Marie Valerie in ihrem Tagebuch notierte, Elisabeth hätte sie aufgefordert, »falls sie stürbe ... Papa zuzureden, Schratt zu heiraten.« Und auch in Bad Kissingen, wenige Tage vor ihrem Tod, erwähnte Elisabeth, dass ihr Mann, wenn er sie überleben sollte, in zweiter Ehe seine engste Vertraute, Katharina Schratt, heiraten sollte.

»Merkwürdigerweise«, schreibt Franz Josephs erster Biograf Egon Caesar Conte Corti, »wäre ihre Unebenbürtigkeit kein Hindernis, da eine Lücke im Hausgesetz des Erzhauses es möglich erscheinen ließe, dass der Herrscher auch eine Frau aus bürgerlichem Hause oder niederem Adelsstande ehelicht«.

Einige Monate nach Elisabeths Tod vermerkte Marie Valerie dann – datiert mit 11. Juli 1899: »Lossagen wird er sich nie und nimmer von ihr (gemeint ist Frau Schratt, Anm.), und heiraten kann er sie ja leider nicht, denn sie ist ja ganz rechtmäßig verheiratet.«

Tatsächlich befand sich die Schratt zu diesem Zeitpunkt noch in aufrechter Ehe mit dem Diplomaten Nikolaus von Kiss, auch wenn sie von diesem getrennt lebte. Dieses »Ehe-Hindernis« änderte sich zehn Jahre später, als Kiss am 21. Mai 1909 einem Herzschlag erlag.

Von da an gibt es ernst zu nehmende Hinweise, dass der Kaiser und Katharina Schratt – nach dem üblichen Trauerjahr, also ab 1910 – in der Andreaskapelle des Erzbischöflichen Palais in Wien eine geheime »Gewissensehe« eingingen, wie sie die katholische Kirche für regierende Monarchen vorsieht. Diese Ehe wird nur »vor Gott, nicht aber vor der Menschheit« geschlossen.

Jedenfalls lebte der Kaiser nach Elisabeths Tod alleine und fand in der Beziehung mit seiner »Seelenfreundin« Trost. »Meine Gedanken sind sehr viel bei Ihnen«, schreibt er am 16. Jänner 1899 an Katharina Schratt, »meine Stimmung ist dunkelgrau, fast schwarz«. Und schon am nächsten Tag teilt er ihr brieflich mit: »Die Stunde, die ich mit Ihnen zubringe, ist meine einzige Erheiterung, ist mein Trost in meiner traurigen, sorgenvollen Stimmung.«

Zu einer offiziellen zweiten Ehe des Kaisers ist es nicht gekommen.

Die Erzherzogin, die ihre Schwägerin liebte ...

... und nicht ihren Ehemann, Kaiser Joseph II.

Zu den wichtigsten Aufgaben eines Thronfolgers im Hause Österreich gehörte es, für entsprechenden Nachwuchs zu sorgen. Also machte man sich schon im Kindesalter des jeweiligen Erzherzogs oder der jeweiligen Erzherzogin daran, in befreundeten Königshäusern nach einer passenden Braut beziehungsweise einem Bräutigam Ausschau zu halten. Liebe spielte dabei keine Rolle, es ging einzig und allein um die Aufrechterhaltung der Dynastie.

So geschehen beim vierzehnjährigen Joseph II., dessen Mutter Maria Theresia dem künftigen Kaiser eine gleichaltrige Frau erwählte. Die »Glückliche« war Isabella von Bourbon-Parma, die einer eher unbedeutenden italienischen Nebenlinie entstammte, aber den Vorzug hatte, von der mütterlichen Seite her die Enkelin von Frankreichs König Ludwig XV. zu sein. Joseph war von der Wahl seiner Mutter anfangs gar nicht angetan, soll er doch, als man ihm ein Medaillon der Auserwählten zeigte, erschreckt ausgerufen haben: »Ich fürchte mich mehr vor dieser Heirat als vor einer Schlacht!« Die Ehe sollte sich dann aber, jedenfalls aus Josephs Sicht, ganz anders entwickeln.

Isabella war 1741 in der Nähe von Madrid als Tochter des Herzogs Philipp von Parma und seiner Frau Elisabeth zur Welt gekommen. Sie verbrachte ihre ersten Lebensjahre am spanischen Hof, ehe sie mit ihrer Mutter zu König Ludwig XV. übersiedelte. Der Aufenthalt in Versailles hat Isabella sicher geprägt, erlebte sie doch, wie ihr Großvater mit seiner Frau und seiner Mätresse, Madame de Pompadour, unter einem Dach residierte. Mit den Moralvorstellungen nahm man es hier weit weniger genau als im sittenstrengen Spanien oder gar in Österreich. Danach zog Isabella mit ihren Eltern nach Parma.

Im Jahr 1759, als Isabella und Joseph achtzehn Jahre alt waren, erfolgte die Verlobung, ein Jahr später wurden sie, ohne einander je persönlich gesehen zu haben, *per procurationem*, also durch einen Stellvertreter, im Dom zu Parma getraut. Nur Isabella war bei dieser Zeremonie anwesend, Joseph blieb in Wien. Die Hochzeit wurde noch im gleichen Jahr – nun in Anwesenheit beider Partner – in der Wiener Augustinerkirche nachgeholt. Der berühmte Spruch »Andere mögen Kriege führen, du, glückliches Österreich, heirate« gilt hier wohl nicht, befand sich das Habsburgerreich doch mitten im Siebenjährigen Krieg. Das pompöse Spektakel der Heirat, die als das letzte große Wiener Barockfest galt, sollte der hungernden Bevölkerung wohl als Ablenkung dienen.

Und dann geschah das Wunder: Joseph verliebte sich in seine ebenso strahlend schöne wie kluge und für damalige Verhältnisse überaus gebildete Frau, ja, er betete sie an. Sie jedoch empfand weit weniger für ihn. Denn sie sah sich vom ersten Tag ihres Wien-Aufenthalts zu Josephs jüngerer Schwester Erzherzogin Marie Christine hingezogen, die wiederum mit dem Herzog Albert von Sachsen-Teschen verheiratet war.

Das Verhältnis der Schwägerinnen zueinander war sehr intim, die vorhandenen Briefe belegen, dass es sich um eine lesbische Beziehung handelte.

»Ich kann sagen«, schreibt Isabella an Marie Christine, »dass es meine einzige Freude ist, wenn ich Dich sehe und bei Dir sein kann. Ich kann die Unruhe nicht ertragen, ich kann an nichts anderes denken, als an die Liebe zu Dir. Ich liebe Dich wie eine Wahnsinnige, wenn ich nur wüsste, weshalb ...«

Marie Christine schwärmt in ihrer Antwort von Isabellas körperlichen Vorzügen, beschreibt jedes delikate Detail bis hin zu den »reizvoll geformten Brüsten«. Von Marie Christine ist nur dieses eine Handschreiben erhalten geblieben – da alle anderen vom Hof vernichtet wurden.

Von Isabella hingegen existieren rund zweihundert Briefe, die intimer nicht sein könnten. »Ich beginne den Tag mit dem Gedanken an den Gegenstand meiner Liebe und ich schließe ihn, indem ich mich mit dem Wesen beschäftige, das meine Gedanken nie verlässt.« Einmal beklagt sich Isabella sogar über ihr Eheleben und über die sexuellen Wünsche, die Joseph von ihr einforderte.

Die große Liebe: Erzherzogin Marie Christine (links) und Isabella, die erste Frau Kaiser Josephs II.

Ihrem Mann hat sie ihre körperliche Ablehnung nie gezeigt, im Gegenteil, sie fügte sich dem Unvermeidlichen und war dem Thronfolger eine respektvolle Frau. Sie gewährte ihm all das, wozu Gehorsam, dynastische Verpflichtungen und das Sakrament der Ehe sie anhielten. Der sonst trockene und zurückhaltende Joseph hingegen, »dessen Herz voller Glut und Begeisterung war«, wie dies ein Höfling ausdrückte, steigerte seine Liebe ins Unermessliche, bedauerte jede Minute, da seine Gattin und Geliebte nicht bei ihm war.

»An nichts vermag ich zu denken, als dass ich verliebt bin wie ein Narr«, schreibt Isabella indes in einem ihrer Briefe an Marie Christine. »Erzeige mir die Gerechtigkeit, die Du meiner Zärtlichkeit schuldest. Verlange Beweise, befiehl alles, was Du willst, selbst das Härteste. Ich will es mit Freuden tun.«

Wie Isabella und Marie Christine zueinandergefunden haben, kann nur vermutet werden. Kaiser-Joseph-Biograf Hans Magenschab bezeichnet die Mode jener Zeit als die eigentliche Verführerin zwischen den beiden jungen Frauen, denn »das Aus- und Ankleiden, die ständige Anprobe der Rokoko-Kostüme, die Wahl der Frisuren bildeten ein wesentliches Element des weiblichen Tagesablaufes. Man kann sich vorstellen, dass die beiden Mädchen in ständigen körperlichen Kontakt kamen, der hinter dem Paravent der Chinoiserien und vor dem Spiegel der Rokoko-Boudoirs seinen Anfang nahm.«

Auch über den Ort, an dem Isabella und Marie Christine ihre sexuellen Fantasien auslebten, kann nur spekuliert werden. Fest steht, dass beide über eigene, weitläufige Appartements verfügten, zu denen nur ihre engsten Vertrauten Zutritt hatten. Joseph-Biograf Humbert Fink fragt, ohne eine Antwort zu finden: »Wie war das eigentlich möglich, dass zwei durchaus honorige Frauen so völlig hemmungslos übereinander herfielen, sich so vollkommen einander auslieferten, dass aus Zuneigung Raserei, aus Liebe Obsession wurde?«

Der künftige Kaiser Joseph war ob der verbotenen Beziehung seiner Frau – gleichgeschlechtliche Liebe war damals bei Strafe verboten – ebenso ahnungslos wie der andere Ehemann, Albert von Sachsen-Teschen, und auch die sonst über alles informierte Kaiserin Maria Theresia.

In seltenen Momenten plagte Isabella ein schlechtes Gewissen ihrem Mann gegenüber, etwa wenn sie an die Geliebte schreibt: »Obwohl ich Dich von ganzem Herzen liebe, habe ich gestern gespürt, dass der Erzherzog vorgeht.«

Aber diese Anwandlungen dauerten nur kurze Zeit. Dafür wur-

*Wusste nichts
von der Beziehung
seiner Frau mit
seiner Schwester:
der spätere Kaiser
Joseph II.*

den, je länger Isabella am Wiener Hof weilte, ihre depressiven Phasen und ihre Todessehnsüchte deutlicher sichtbar. Leidvorstellungen plagten die in ihre Schwägerin heillos Verliebte, sie beklagte immer häufiger ihr Dasein, das nach ihren eigenen Darstellungen ausweglos war. »Der Tod ist wohltätig«, schreibt sie der geliebten Marie Christine. »Nie in meinem Leben habe ich mehr daran gedacht als in dieser Stunde. Alles erweckt in mir den Wunsch, ein Leben zu verlassen, in welchem ich ihn jeden Tag beleidige. Das einzige Leid ist, dass ich Dich verlasse ...«

Isabella empfand die ihr zugewiesene Rolle der Ehefrau als lästige Pflicht und sah sich auf die Rolle einer »Gebärmaschine« reduziert.

Tatsächlich war sie während ihrer dreijährigen Ehe fünf Mal schwanger. Drei Schwangerschaften endeten vorzeitig in Fehlgeburten, das einzige überlebende Kind, die 1762 geborene Tochter Maria Theresia, wurde nach ihrer Großmutter benannt. Eine weitere Schwangerschaft wurde 1763 von der in Wien grassierenden Pockenseuche überschattet, von der schließlich auch Isabella befallen wurde.

Am Höhepunkt des Krankheitsverlaufs bekam sie nach sechs Monaten Schwangerschaft ein Mädchen, das nach wenigen Stunden starb. Fünf Tage später, am 27. November 1763, erfüllte sich Isabellas Todessehnsucht, und sie starb im Alter von nur 21 Jahren. Ihre letzten Worte waren: »Mein ganzer Körper brennt, denn ich habe mit dem ganzen Körper gesündigt.«

Für Joseph brach eine Welt zusammen. Seinem Vater, Kaiser Franz Stephan, schrieb er, dass er den frühen Tod seiner geliebten Frau nur dann ertragen würde, »um mein ganzes Leben hindurch unglücklich zu sein«.

Josephs Unglück setzte sich im Jahr 1770 fort, als seine Tochter Maria Theresia im Alter von nur acht Jahren starb, tief betrauert von ihrem Vater, der den Tod seines einzigen vergötterten Kindes kaum überwinden konnte.

Auch wenn er sich heftig dagegen wehrte, zwang ihn seine Mutter Maria Theresia bereits wenige Monate nach Isabellas Tod, an eine neuerliche Heirat zu denken, schließlich besaß er als künftiger Kaiser keinen männlichen Thronerben. Sein Widerstand half nichts, er musste ein Jahr nach dem Hinscheiden seiner geliebten Frau wieder heiraten, und zwar die von seiner Mutter auserwählte, um zwei Jahre ältere Prinzessin Maria Josepha von Bayern. Die Ehe war von vornherein zum Scheitern verurteilt. Joseph beschrieb seine zweite Frau als »kleine und dicke Gestalt mit hässlichen Zähnen«, deren Charakter er zwar schätzte, die er aber nicht lieben konnte. Wahrscheinlich wurde die Ehe der beiden nie vollzogen. Joseph hat das gemeinsame Schlafzimmer nie betreten und ließ sogar den gemeinsamen Balkon im Schloss Schönbrunn abteilen, um seine Frau nicht sehen zu müssen.

Der Kaiser überlebte seine zweite Frau um 25 Jahre, er starb am 20. Februar 1790 im Alter von 48 Jahren. Trotz heftigen Drängens seiner Mutter weigerte er sich, ein drittes Mal zu heiraten.

Seine Schwester Marie Christine, die Geliebte seiner ersten Frau, starb 1798 im Alter von 36 Jahren.

KRIMINELLES

Die Gräfin, die 650 Menschen tötete
Der Fall Elisabeth Báthory

Vorweg sei festgehalten, dass laut Kriminalstatistik schwere Verbrechen weltweit mehrheitlich von Männern verübt werden. Auch in der jüngeren Geschichte scheinen weit weniger Straftaten auf, die von Frauen begangen wurden. Doch es gibt sie, die Vertreterinnen des weiblichen Geschlechts, die zu Morden und anderen Untaten fähig sind. Die bei Weitem blutrünstigste Frau der Geschichte war die im 16. und 17. Jahrhundert auch in Österreich wütende Gräfin Elisabeth Báthory, die bis zu 650 Menschen auf dem Gewissen hatte.

Die erste Bluttat beging die gebürtige Ungarin, als sie einen ihrer Geliebten dabei erwischte, wie er mit der Küchenhilfe schlief. Sie quälte das Mädchen so lange, bis es unter furchtbaren Schmerzen starb. Ab 1594 lebte Elisabeth Báthory auf der Burg Lockenhaus im heutigen Burgenland. Als dort die Pest ausbrach, ließ sie alle Menschen der befallenen Dörfer begraben, egal ob sie noch lebten oder bereits tot waren. Darüber hinaus befahl sie, alle Juden der Umgebung umzubringen, da sie ihnen die Schuld am Ausbruch der Seuche gab.

Elisabeth Báthory war die Nichte des polnischen Königs Stephan Báthory, dessen Familie mit dem Haus Habsburg lang anhaltende

Machtkämpfe führte. Die Gräfin erlebte selbst von klein auf grausame Folterungen, etwa als ihre beiden Schwestern von rebellischen Bauern aufgehängt wurden. Ihr Bruder war unter Alkoholeinfluss ein Vergewaltiger und aggressiver Schläger. Auch ihr späterer Ehemann Ferenc von Nádasdy war für seine Grausamkeit bekannt.

Die sadistische Psychopathin hatte zwei Wiener Wohnsitze, einen in der Brandstätte und einen in der Augustinerstraße. Dorthin ließ sie sich von ihren Dienern junge Mädchen kommen, denen sie Anstellungen als Kammerzofen versprach. Sie wurden zu ihren diversen Herrschaftssitzen gebracht, gefoltert und ermordet. In ihrem Tagebuch notierte sie Namen und Todestage ihrer Opfer.

Nach dem (natürlichen) Tod ihres Mannes wurde die Gräfin immer hemmungsloser. Lange entging sie der Justiz, doch im Jahr 1610 wurde sie auf Befehl des ungarischen Königs Matthias II. in ihrer Burg Lockenhaus verhaftet, um sich im Jahr darauf einem Gerichtsverfahren stellen zu müssen. Während fünf ihrer Bediensteten als Mitwisser hingerichtet wurden, kam die Gräfin aufgrund ihrer adeligen Herkunft mit einer lebenslangen Kerkerstrafe davon. Sie starb 54-jährig nach nur dreijähriger Haft.

Laut *Guinness-Buch der Rekorde* gilt die »Blutgräfin« Elisabeth Báthory mit bis zu 650 Opfern als die größte Serienmörderin aller Zeiten.

Liebe Grüße vom Frauenmörder

Die Untaten des Hugo Schenk

Meine liebe kleine Anna, legen Sie Ihre Schürze ab, setzen Sie Ihren Hut auf und lassen Sie uns ausgehen.« Schrieb ein junger Mann an ein sechzehnjähriges Mädchen. Das Besondere daran: Der Brief stammt von einem der gefährlichsten Frauenmörder der österreichischen Kriminalgeschichte. Hugo Schenks Korrespondenz mit dem Mädchen tauchte erst hundert Jahre später auf. Mit viel Glück war Anna Ludescher einem skrupellosen Mörder entkommen.

Durch viele Jahre hatte Hugo Schenk – in Prozessberichten am Ende des 19. Jahrhunderts als »Blaubart von Wien« bezeichnet – Österreich-Ungarn in Angst und Schrecken versetzt. Mit 21 gab er sich als russischer Großfürst aus, mit 35 wurde er als Heiratsschwindler und Frauenmörder zum Tod verurteilt.

In den Jahren dazwischen machte sich der Sohn eines aus Mähren stammenden Kreisgerichtsrates meist durch Heiratsinserate an Frauen heran, die er dann gemeinsam mit zwei Komplizen um ihre Ersparnisse brachte. Vier Mädchen ermordete er, in zwei weiteren Fällen wurde er wegen Mordversuchs verurteilt. Schenk verübte auch Raubüberfälle, andere Morde wurden ihm angelastet, konnten jedoch nicht nachgewiesen werden.

Die Dokumente zu einem Fall finden sich im Wiener Kriminalmuseum. Es sind sieben Briefe, die Schenk an Anna Ludescher geschrieben hat. Im Nachlass der gebürtigen Münchnerin ist auch die Erklärung zu der Korrespondenz archiviert: »Ich unternahm im Sommer 1875 als sechzehnjähriges Mädchen in Begleitung meines

Vaters einen Ausflug nach Schwaz in Tirol. Als wir uns auf die Veranda eines Hotels setzten, trat ein Herr wie zufällig an unseren Tisch und bat mit weltmännischen Manieren Platz nehmen zu dürfen. Es entstand eine angeregte Unterhaltung. Dann erbot sich der Fremde, uns das Städtchen zu zeigen.«

Während Annas Vater, »der kein Freund größerer Spaziergänge war«, dankend ablehnte, gab er der Tochter die Einwilligung, dem charmanten »Dr. Middendorf«, wie der Fremde sich nannte, zu folgen. »Dieser erwies sich als amüsanter und sachkundiger Führer und zeigte mir Sehenswürdigkeiten, vor allem die alte Freundsburg. Wir gelangten zu dem Steg, der zur Ruine führt, und waren im dichtesten Gehölz angelangt, als er unvermittelt die Frage an mich richtete: ›Fürchten Sie sich nicht, mit einem fremden Mann allein hier heraufzusteigen?‹«

Naiv antwortete Anna: »Wegen des kleinen goldenen Kreuzchens, welches ich hier am Halse trage, wird es sich wohl nicht lohnen, mir etwas Schlimmes zuzufügen. Betroffen senkte er den Blick und sagte zu mir: ›Sie ahnungsloser Engel!‹«

Tatsächlich verführte Hugo Schenk seine späteren Opfer mit eben diesen Tricks zu Spaziergängen durch Wälder und Auen. So gab er sich als Bauingenieur aus, als er 1881 das 34-jährige Stubenmädchen Josefine Timal in einen Wald lockte, betäubte, mit einem Stein beschwerte und in einem Tümpel ertränkte. Mit Josefines 47-jähriger Tante Katharina wanderte er bei Krummnußbaum durch einen Auwald, ehe er sie mit einem Ledermesser erstach und in die Donau warf. Die Köchin Theresia Ketterl starb, als sie mit Hugo Schenk einen Ausflug auf die Reisalpe unternahm. Und die 33-jährige Rosa Ferenczy, ebenfalls Köchin, erschlug er in der Donauau bei Pressburg mit einer Hacke.

Kam meist durch Heiratsinserate an seine späteren Opfer heran: Hugo Schenk

Zurück zu Anna Ludescher. Nach dem Abstieg von der Ruine bat der Fremde, sie auch in Zukunft besuchen zu dürfen. Doch er kam – zu Annas großem Bedauern – nur einmal, da er danach »verreisen musste«. Eine glückliche Fügung, die dem Mädchen wohl das Leben gerettet hat.

Denn Anna zeigte große Zuneigung zu dem 26-jährigen Mann. Er schickte ihr »Briefe und Postkarten, fein empfundene Naturschilderungen sowie formvollendete, prächtige Gedichte.« Vom Fuße des Eiffelturms etwa schrieb er der »lieben Anna« am 20. September 1875, »wie schön es wäre, wenn ich Ihnen Paris und all die Großartigkeiten dieser Stadt zeigen könnte ...«

Anna fiel auf, dass es sehr schwer war, ihrem Verehrer zu antworten, da er »immer auf Reisen« war. »Schreiben Sie mir nicht, ich muss heute von hier abreisen und werde dann in Straßburg sein, weiß aber noch nicht, in welchem Hotel ich absteige«, lautet eine typische Briefstelle.

Erst nach Jahren erfuhr Anna, als sie einem Kriminalbeamten ein Bild zeigte, das ihr »Dr. Middendorf« von sich überlassen hatte, wer ihr Galan wirklich war.

Mehr als hundert Jahre später konnte der Kriminalhistoriker Harald Seyrl anhand der Korrespondenz nachweisen, dass es sich bei »Dr. Middendorf« um Hugo Schenk handelte, der fast immer unter falschem Namen auftrat. »Es ist bekannt, dass er überaus intelligent, gebildet und ein talentierter Dichter war. Die Lyrik, die während des Prozesses gegen ihn vorgelesen wurde, erregte im Gerichtssaal großes Aufsehen. Und die Briefe an Frau Ludescher stimmen mit seiner tatsächlichen Reisetätigkeit überein.«

Sie blieben für die Nachwelt erhalten und fügen der »Akte Schenk« ein weiteres Beispiel der Verführungskünste des gerissenen Heiratsschwindlers und Frauenmörders bei.

Während Hugo Schenk mit seinem geistig behinderten Bruder und dem Komplizen Karl Schlossarek die Morde an dem 25-jährigen Stubenmädchen Josefine Eder und einem weiteren Opfer, Emilie Höchsmann, vorbereitete, wurde das Trio in der Nacht zum 11. Jänner 1884 vom k. k. Polizeirat Karl Breitenfeld festgenommen. Schenk und Schlossarek wurden in einem aufsehenerregenden Prozess wegen vierfachen Mordes und zweifachen Mordversuchs zum Tod verurteilt. Sie wurden am 22. April 1884 im Hof des Wiener Landesgerichts hingerichtet.

Die gebürtige Münchnerin Anna Ludescher starb 1914 in Hall in Tirol. Sie wurde 82 Jahre alt. Glückliche Umstände haben ihr wohl ein langes Leben geschenkt.

49

»Um ein freies Leben führen zu können«

Die blutigen Verbrechen der Martha Marek

Die Wienerin Martha Marek ging als eine der »prominentesten« Mörderinnen in die österreichische Kriminalgeschichte ein. Dabei war sie ursprünglich durch einen ganz anderen Kriminalfall bekannt geworden.

Der 24-jährige Ingenieur und erfolglose Erfinder Emil Marek aus Mödling bei Wien stand im Frühjahr 1927 wegen des Verdachts, sich selbst das linke Bein abgehackt zu haben, vor Gericht. Das Motiv: Versicherungsbetrug. Er und seine um fünf Jahre ältere Frau Martha wollten von der Anglo-Danubian-Lloyd wegen eines »Arbeitsunfalls« 400 000 Schilling* kassieren. Emil Marek gab an, sein Bein beim Zerkleinern von Holz verloren zu haben. Nicht nur, dass die Polizze erst einen Tag vor dem angeblichen Unfall in Kraft getreten war, ergab die gerichtsmedizinische Untersuchung des Stumpfs, dass das Bein durch vier Axthiebe abgetrennt worden war. Laut Anklage handelte es sich um Selbstverstümmelung Emil Mareks unter Beihilfe seiner schönen Frau Martha.

Doch ein überwiegender Teil der Öffentlichkeit stand aufseiten des dubiosen Ehepaares, da man vermutete, der Versicherungskonzern wollte sich mithilfe juristischer Winkelzüge um die Zahlung drücken. Das Paar wurde auch mangels Beweisen vom Betrug freigesprochen. Mit der Versicherung einigte man sich schließlich in einem Vergleich auf Auszahlung von 180 000 Schilling.

---

* Die Summe entspricht laut Statistik Austria im Jahr 2021 einem Betrag von rund 1,2 Millionen Euro.

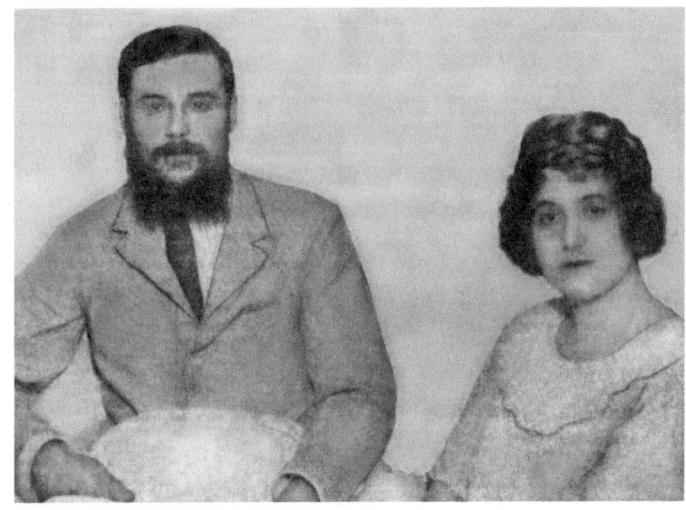

Standen wegen Versicherungs-betrugs vor Gericht: Emil und Martha Marek

Der spektakuläre Prozess war freilich nur der Auftakt der eigentlichen kriminellen Karriere Martha Mareks. Ihr Mann, der nach der Amputation seines Beines kränklich war, starb am 31. Juli 1932. Bald folgte ihm die einjährige Tochter Ingeborg ins Grab. Wie Martha Marek später gestand, hatte sie Mann und Kind getötet, »um ein freies Leben führen zu können«. Doch vorerst spielte sie dem staunenden Publikum in Zeitungsartikeln die leidgeprüfte Witwe vor, worauf ihr eine Welle des Mitleids entgegenschlug und Spendengelder auf ihr Konto flossen.

Martha Marek nützte die von ihr angestrebte »Freiheit« zu weiteren Giftmorden. Das nächste Opfer war ihre Tante Susanne Löwenstein. Kurz nachdem diese ihr Testament »zugunsten der bedauernswerten Witwe Martha Marek« verändert hatte, starb Frau Löwenstein unter mysteriösen Umständen.

Martha Marek, die zu diesem Zeitpunkt in ärmlichen Verhältnissen lebte, zumal die einst kassierten Zuwendungen längst aufgebraucht waren, bezog nach Auszahlung der neuerlichen Versicherungssumme eine große Villa in Hietzing und pflegte wieder einen aufwendigen Lebensstil.

Als dann auch das von der Tante geerbte Vermögen weg war, nahm Frau Marek eine Untermieterin auf. Sie hieß Theresia Kittenberger und fand sich kurz nach der Übersiedlung in Mareks Wohnung bereit, eine Lebensversicherung in Höhe von 5000 Schilling zugunsten ihrer Vermieterin abzuschließen.

Damit hatte auch sie ihr Todesurteil unterschrieben. Theresia Kittenberger starb kurze Zeit später.

Doch Frau Kittenbergers Sohn schien der plötzliche Tod seiner gerade noch vor Gesundheit strotzenden Mutter aufklärungsbedürftig. Und er meldete seinen Verdacht der Polizei. Bei der nun folgenden Exhumierung und einer Untersuchung aller Fälle kam Schreckliches zutage: Die Marek hatte sowohl ihren Mann als auch ihre Tochter, ihre Tante und die Untermieterin ermordet. In allen vier Fällen führte das frei im Handel erhältliche Rattengift Zelio-Paste zum Tod.

Der Prozess wegen vierfachen Mordes begann im Februar 1938, wenige Tage vor dem Einmarsch der Hitler-Truppen. Wäre das Urteil noch in Zeiten, da Österreich existierte, gefallen, hätte Martha Marek wohl eine lebenslange Haftstrafe bekommen, da in Österreich seit dem Jahr 1900 keine Frau mehr hingerichtet worden war. Doch sie wurde am 19. Mai, bereits in der »Ostmark«, von den Geschworenen zum Tode verurteilt.

Als Folge des »Anschlusses« musste Martha Marek ihr Gnadengesuch statt an den österreichischen Bundespräsidenten an den »Führer« Adolf Hitler richten.

Ohne Erfolg. Im September 1938 wurde aus der Strafanstalt Berlin-Tegel das Gerät F nach Wien gebracht. F stand für Fallbeil. Es wurde am 6. Dezember 1938 zum ersten Mal nach Jahrzehnten in Österreich angewendet. Martha Marek wurde an diesem Tag enthauptet.

Mord im Wiener Konzerthaus

Das Attentat auf eine ägyptische Prinzessin

Die Pause des Violinkonzerts neigte sich ihrem Ende zu, da fielen im Foyer des Wiener Konzerthauses fünf Schüsse. Eine junge, elegant gekleidete Frau brach zusammen und starb. Wie sich bald herausstellte, handelte es sich um ein Eifersuchtsattentat.

Im Konzerthaus wurde am Abend des 3. November 1928 ein Konzert des berühmten tschechischen Virtuosen Váša Příhoda gegeben, wobei vor der Pause Niccolò Paganinis Violinkonzert in D-Dur auf dem Programm stand. Die 35-jährige, in Wien lebende ägyptische Prinzessin Wagiha Mouheb Pascha wollte mit dem letzten Pausenzeichen gerade zu ihrer Loge gehen. Da fielen fünf Schüsse, die sie von hinten trafen. Die Prinzessin war sofort tot.

Der Täter trat die Flucht an und lief in Richtung des Stiegenhauses, wurde aber vom Logenschließer Josef Oberwasser aufgehalten und entwaffnet. Bei dem Pistolenschützen handelte es sich um den 48-jährigen Rittmeister a. D. Felix Gartner, der sich jetzt verwirrt und völlig aufgelöst nach dem Befinden der Prinzessin erkundigte, ob er sie hoffentlich nicht ernsthaft verletzt hätte.

»Die Prinzessin war bis nach dem dritten Klingelton mit Baron Gartner in eine immer heftiger werdende Diskussion verstrickt«, gab Logenschließer Oberwasser später bei der Polizei zu Protokoll. »Nach dem letzten Läuten wandte sich die Prinzessin brüsk von ihrem Gesprächspartner ab, um sich in ihre in der Nähe liegende Loge zu begeben. In diesem Moment griff Gartner in die Tasche, zog eine Pistole und gab in rascher Reihenfolge mehrere Schüsse auf die Prinzessin ab. Diese stürzte zu Boden und blieb regungslos liegen. Gartner jedoch lief dem Ausgang entgegen und rief laut ›Aufhalten, aufhalten‹, so als wollte er selbst einen Täter verfolgen.«

Mord im Wiener Konzerthaus: Prinzessin Wagiha Mouheb Pascha starb vor ihrer Loge.

Da im Zuschauerraum, als die Schüsse gefallen waren, große Unruhe herrschte, betrat Konzerthausdirektor Hugo Knepler die Bühne und informierte das Publikum, dass es sich bei der Tat um ein Eifersuchtsdrama »mit harmlosem Ausgang« handelte, es sei nichts passiert und es bestünde auch keine Gefahr für die Besucher des Konzerts.

Die Gäste nahmen ihre Plätze ein und der Abend wurde wie geplant mit Tschaikowskis *Sérénade mélancholique* fortgesetzt.

Bei seinem Verhör durch die Wiener Kriminalpolizei stellte sich heraus, dass der Täter mit einer reichen Engländerin verheiratet war und in Scheidung lebte. Er befand sich in steten Geldnöten und hatte einen Teil des Vermögens seiner Frau in Monte-Carlo verspielt. Auf der Suche nach einer neuen Geldgeberin lernte er bei einer Faschingsredoute die schöne Prinzessin kennen, verliebte sich in sie und machte ihr sofort einen Heiratsantrag. Anfangs schien auch diese einer Verbindung mit dem Baron nicht abgeneigt, doch ihr Vater Mouheb Pascha lehnte eine Ehe mit ihm ab, zumal er Informationen über Gartner eingeholt hatte, der als Lebemann und Schürzenjäger übel beleumundet war.

Und so wollte auch die Prinzessin bald nichts mehr von dem pensionierten Offizier wissen, und sie teilte ihm mit, einen orientalischen Prinzen heiraten zu wollen. Da lauerte Gartner der Angebeteten im Konzerthaus auf, versuchte sie noch einmal von sich zu überzeugen und tötete sie, als ihm das nicht gelungen war. Er wurde wegen Mordes zu zwölf Jahren schweren Kerkers verurteilt.

»Es ist besser, Sie sehen den Leichnam nicht«
Der Mord an Emmerich Kálmáns Tochter

Er besang die heile Welt wie kaum ein anderer. Emmerich Kálmán schuf *Die Csárdásfürstin*, *Gräfin Mariza*, *Die Zirkusprinzessin* und andere überaus erfolgreiche Operetten. Doch seine Familiengeschichte ist alles andere als operettenhaft, stellt doch die Ermordung seiner Tochter ein tragisches Stück Kriminalgeschichte dar.

Emmerich »Imre« Kálmán war bereits seit zwanzig Jahren tot, als die Tragödie ihren Lauf nahm. »Elisabeth Kálmán in ihrer Pariser Wohnung enthauptet aufgefunden«, lautete eine der vielen Schlagzeilen, die im Mai 1973 um die Welt gingen. Die 42-jährige Tochter des Operettenkönigs wurde von ihrem Lebenspartner regelrecht hingerichtet. Wie die Polizei mitteilte, war die Leiche der Frau durch mehrere Messerstiche verstümmelt worden. Der Kopf sei, von Blumen umgeben, in einer Vase entdeckt worden, ein im Zimmer aufgefundener Brief habe zur Identifizierung des mutmaßlichen Täters geführt. Dieser war auf einer Straße nicht weit von der Wohnung Elisabeth Kálmáns, offenbar nach Einnahme einer Überdosis von Schlafmitteln, zusammengebrochen.

Wie war es zu der schrecklichen Tat gekommen? Elisabeth »Lily« Kálmán war alkohol- und drogensüchtig und hatte in einer Entzugsanstalt in Genf einen um zwanzig Jahre jüngeren Mann kennengelernt, in den sie sich Hals über Kopf verliebte. Als Vera Kálmán vom Aufenthalt ihrer Tochter in der Entzugsanstalt erfuhr, flog sie sofort von Wien nach Genf, wo man ihr mitteilte, ihre Tochter hätte aufgehört zu trinken, sie verliere aber an Gewicht und würde ständig kraftloser. Vera riet ihr daraufhin, sich von ihrem Mann Alain scheiden zu lassen – den neuen Mann an der Seite ihrer Tochter wollte sie aber nicht kennenlernen.

Über New York, wo sie über eine Neubearbeitung der *Csárdás-fürstin* verhandelte, flog Vera nach Paris. Dort erwartete sie ein Telegramm, dem zufolge Elisabeth einen Nervenzusammenbruch erlitten hatte und in einer Klinik unweit von Zürich lag. »Es ging ihr schlecht. Ich konnte mir nichts mehr vormachen. Sie war krank, sie war gemütskrank. Konnte ich sie retten? Das Wichtigste war wohl, dass sie sich von ihrem Mann scheiden ließ.«

Und so beschreibt Vera Kálmán in ihren Memoiren das nächste Zusammentreffen mit ihrer Tochter: »Sie war offenbar verwirrt, sie wusste nicht recht, wie sie hergekommen war, sie wusste kaum, wo sie war.« Lily wollte ihre Ehe retten, mit ihrem Mann Alain ein neues Leben beginnen – und fand ihn mit ihrer Friseuse im Bett.

Das war wohl zu viel für die psychisch labile Frau. »Lily blieb bei mir«, schreibt Vera Kálmán weiter, »und es sah so aus, als habe sie das Trinken aufgegeben. Die Scheidung wurde eingereicht. Alain machte keine Schwierigkeiten, es ging alles sehr schnell.« Lily übersiedelte in eine eigene Wohnung nach Paris – und begann wieder zu trinken – und offensichtlich auch Drogen zu nehmen.

Mittlerweile war Vera Kálmán zur Erholung nach Montecatini Terme gefahren, wo sie in der Nacht von 15. zum 16. Mai 1973 ein Anruf aus Paris erreichte. Eine Freundin von Lily war am Apparat.

»›Hier spricht Monique. Es ist etwas geschehen. Etwas Furchtbares.‹

›Ist Lily krank?‹

Monique schluchzte. ›Lily ist tot …‹

Ich konnte es nicht glauben. Ich wollte es nicht glauben. Schließlich, nach einer Ewigkeit, fand ich meine Sprache wieder: ›Ein Autounfall?‹

›Nein, Madame Kálmán.‹

›Was ist es denn? Sagen Sie es mir doch ... Hat sie sich selbst ...?‹

›Lily ist umgebracht worden.‹

›Umgebracht?‹

›Ja, ermordet.‹

Der Hörer glitt mir aus der Hand. Ich sank in die Kissen zurück. Ich verlor das Bewusstsein.«

Wieder zu sich gekommen, fuhr Vera Kálmán nach Paris, wo Lily so tragisch ums Leben gekommen war. Sie suchte den ermittelnden Staatsanwalt auf: »Er sprach mir sein Beileid aus und fragte mich, ob ich den Leichnam sehen wollte.

›Nein‹, schrie ich fast. ›Um Gottes willen, nein!‹

›Madame, ich bin verpflichtet, Ihnen diese Frage zu stellen. Es ist auch besser, Sie sehen den Leichnam nicht. Meine Beamten haben schon viel Entsetzliches sehen müssen, aber was sie in der Wohnung Ihrer Tochter vorfanden ...‹«

Der Staatsanwalt erwähnte die Affäre Elisabeths mit dem Insassen der Entzugsanstalt und dass sie sich offensichtlich in ihn verliebt hätte.

»Das war der Mann, von dem Lily mit mir gesprochen hatte. Der Mann, den ich nicht hatte kennenlernen wollen. Jetzt machte ich mir die furchtbarsten Vorwürfe. Wenn ich ihn gekannt hätte, wäre dann alles anders gekommen? Hätte ich Lily vor ihm warnen können? Hätte sie auf mich gehört?«

Der Staatsanwalt: »Die beiden waren offenbar im Delirium. Überall in der Wohnung fanden wir leere Wein- und Schnapsflaschen ...

Wurde in Paris brutal ermordet:
Emmerich Kálmáns Tochter
Elisabeth »Lily« Kálmán

Man hat in der Wohnung auch Bücher gefunden, die mit allerlei mystischen Dingen zu tun haben. In einem war die Rede von einem Indianerstamm, bei dem es als Zeichen der vollkommenen Liebe galt, wenn man seinen Partner bei lebendigem Leib opferte …«

Elisabeth »Lily« Kálmáns Mörder hatte nach der Tat einen Selbstmordversuch unternommen, der jedoch misslang. Er wurde in eine psychiatrische Klinik eingeliefert.

Schließlich fragte Vera Kálmán, die die Unterredung wie in Trance wahrnahm, den Staatsanwalt, wann die Beerdigung stattfinden könnte. Die Antwort: »Nicht bevor der ganze Fall geklärt ist, Madame, ich würde sagen in sechs Monaten.«

Nach dreistündigem Verhör stand Vera Kálmán auf der Straße und dachte für sich: »Das ist also der Preis des Überlebens. Wie viele meiner Lieben hatte ich zu Grabe getragen. Imre, er war ein alter Mann gewesen. Meine Mutter, sie war eine sehr alte Frau, als sie starb. Aber meine Tochter! Lily! Wäre ich nicht eher dran gewesen als sie? Ja, das war wohl der Preis des Überlebens, dass man viele seiner Lieben zu Grabe tragen musste.«

Vera Kálmán fuhr in ihr Hotel, wo bereits ihre jüngere Tochter Yvonne und ihr Sohn Charly auf sie warteten. Sie fielen einander in die Arme und weinten. Veras einziger Trost war wohl, dass ihr Imre diese Katastrophe nicht hatte miterleben müssen ...

Emmerich Kálmán, der eigentlich Imre Koppstein hieß, war 1882 im Städtchen Siófok am Plattensee in Westungarn als Sohn eines jüdischen Getreidehändlers zur Welt gekommen. Er studierte in Budapest Rechtswissenschaften und Kompositionslehre und lebte danach in Wien. Durch Evergreens wie *Jaj, Mamam Bruderherz, ich kauf mir die Welt, Grüß mir die süßen, die reizenden Frauen im schönen Wien, Nimm Zigeuner deine Geige, Komm mit nach Varasdin, Höre ich Zigeunergeigen, Ganz ohne Weiber geht die Chose nicht* und *Komm Zigan* ... zählte er mit Franz Lehár zu den Begründern der »Silbernen Operette« und zu den erfolgreichsten Komponisten seiner Zeit.

Nach dem »Anschluss« im Jahr 1938 flüchtete Emmerich Kálmán mit seiner Frau Vera aus Wien und gelangte über Zürich und Paris in die USA, wo er am Broadway und in Hollywood eine Reihe musikalischer Erfolge feiern konnte. Nach dem Krieg wieder in Europa, starb er 1953 in Paris.

Die 1907 in Russland geborene Vera Mendelson war zwei Mal mit Emmerich Kálmán verheiratet. Nach der ersten Hochzeit 1929 und der Geburt von drei Kindern ließ sie sich während des Krieges in

Ein Bild aus glücklichen Tagen: Emmerich »Imre« Kálmán 1948 umgeben von Ehefrau Vera, Sohn Charly und den Töchtern Yvonne und Lily (ganz rechts)

den USA von dem um 25 Jahre älteren Kálmán scheiden, um einen anderen Mann zu heiraten. Als diese Ehe scheiterte, kehrte sie zu Kálmán zurück.

Nach dessen Tod sorgte ein Erbschaftsstreit Veras gegen ihre eigenen Kinder für großes Aufsehen, vor allem in den USA. Schließlich verzichtete Vera Kálmán auf Teile des Erbes zugunsten ihrer Töchter und ihres Sohnes. Danach lebte sie wieder in gutem Einvernehmen mit Yvonne, Charly und Elisabeth.

Über den tragischen Tod Elisabeths ist sie nie ganz hinweggekommen. Vera Kálmán starb 1999.

Im Kaffeehaus und in anderen Lokalitäten

Da waren's nur noch vier

Vom Verschwinden der Ringstraßencafés

Oper, Burgtheater, Parlament, Adelspaläste, Museen und Kaffeehäuser – das waren die Glanzpunkte der Ringstraße, als sie vor mehr als 150 Jahren eröffnet wurde. Aber von den 29 Cafés, die es damals am »Ring« gab, existieren heute nur noch vier. Im Sommer 2012 hat mit dem 1879 eröffneten Café Schottenring wieder eines zugesperrt. Nun bleiben der Ringstraße das Café Schwarzenberg, das Landtmann, das Prückel und das Café im Hotel Imperial.

Die Ringstraßen-Cafés sind ein wenig feudaler als die meisten anderen. Mit ihren Plüschmöbeln, Kristallüstern und großen Spiegeln erinnern sie eher an Salons als an Kaffeehäuser, und die Melange kostet auch mehr als in der Vorstadt. Kein Wunder: Die Mieten an der Ringstraße waren und sind exorbitant. Allein für den Schanigarten zahlte ein Cafétier nach Eröffnung der Ringstraße monatlich 4 Gulden 20 pro Quadratmeter und damit vier Mal so viel wie etwa in der Josefstadt.

Eines der elegantesten war das vis-à-vis der Oper gelegene Café Heinrichhof, in dem prominente Künstler verkehrten, von Johannes Brahms, der täglich in derselben Loge sein Mittagsschläfchen hielt, bis zu den Gesangsstars Leo Slezak und

Namentlich nicht bezeichnetes Ringstraßencafé mit Schanigarten, aufgenommen im Jahr 1915

Maria Jeritza, die zwischen den Proben im Kaffeehaus saßen.

Die ersten Ringstraßen-Cafés sperrten nach dem Zusammenbruch der Monarchie. Die Armut war groß, es war nicht mehr schick, an der Sirk-Ecke vor dem Hotel Bristol zu flanieren, die Leute hatten andere Sorgen, als ins Kaffeehaus zu gehen. Dennoch konnte sich vorerst eine beachtliche Anzahl der Traditions-Cafés halten, in denen man sowohl Bürgertum als auch »kleine Leute« traf, die oft Stunden bei einem Kleinen Braunen verbrachten, um sich zu Hause die Heizkosten zu sparen.

Im Jahr 1938 brachte die Vertreibung zahlreicher Gäste das Ende etlicher Ringstraßen-Cafés. Und gegen Ende des Krieges wurden

Teile der Ringstraße zerbombt, so auch der Heinrichhof samt gleichnamigem Kaffeehaus. Nur noch Geschichte blieben die Cafés Kremser und Hochleitner am Kärntner Ring, das Café Stadtpark am Parkring, das Reisenleitner am Schottenring, das Café Corso am Schubertring und das Künstler-Café am Universitätsring.

Nach dem Krieg schlossen das Café Kaisergarten, das Café Brunner und das Operncafé, alle am Opernring gelegen. Dabei war das Operncafé immer voll, aber so viele Große Braune für zwei Schilling kann man nicht verkaufen, um damit die Miete am Opernring zu zahlen. Im Operncafé landeten schließlich die Verkaufsräume von Mercedes (die es inzwischen auch nicht mehr gibt).

So manches Ringstraßen-Café hätte nicht zusperren müssen – es war gut besucht und schrieb Gewinne, doch als Banken, Versicherungen und Automobilsalons den Cafétiers für die gute Lage so hohe Ablösen zahlten, wie sie in ihrem Leben mit Melange und Butterkipferl nicht verdient hätten, konnten viele nicht widerstehen.

Jedes Ringstraßen-Café kann unzählige Geschichten erzählen. So kam der Dirigent Franz Schalk nach der Oper immer im Frack ins Café Imperial und wurde deshalb von manchem Gast mit dem Kellner verwechselt. Mit jenem Kellner Julius, der sein ganzes Leben im Imperial tätig war – von der Zeit als Piccolo bis in die Tage, da er als greiser Ober schweren Schritts immer noch Kaffee servierte. Friedrich Torberg beschreibt auch den Imperial-Stammgast Friedrich Eckstein, der so umfassend gebildet war, dass sich Gäste wie Hofmannsthal, Schnitzler und Werfel bei strittigen Fragen an ihn wandten. »Man raunte sich zu, dass der große Brockhaus, wenn er etwas nicht wusste, heimlich aufstand und im alten Eckstein nachsah.«

Das Landtmann wurde 1873 von Franz Landtmann eröffnet und ebenfalls von prominenten Gästen frequentiert. Sigmund Freud hat man hier ebenso gesichtet wie Gustav Mahler, Max Reinhardt, Peter Altenberg und später dann Oskar Werner, Hans Moser und Romy Schneider.

Nach Franz Landtmann wurde das Kaffeehaus von diversen Eigentümern übernommen – einer hieß Karl Kraus, war aber mit dem gleichnamigen Literaten nicht identisch –, ehe es 1926 in die Pleite schlitterte. Nun war es die Familie Zauner, die das Café rettete und fünfzig Jahre lang führte. Sie war es auch, die für die heute unter Denkmalschutz stehende Einrichtung des Kaffeehauses sorgte. Seit 1976 befindet sich das Landtmann im Eigentum der Familie Querfeld.

Im Landtmann traf und trifft sich auch die hohe Politik der Stadt, und die Besitzer sind stolz darauf, dass es bisher keinen Bundespräsidenten und keinen Bundeskanzler gab, die hier nicht eingekehrt wären. Julius Raab, der im Landtmann seine Regierungsbesprechungen abhielt, soll an seinem Fenstertisch sogar den Außenminister Karl Gruber abgesetzt haben.

Raab nahm hier täglich sein Frühstück ein, um im Anschluss daran seine geliebte »Virginier« zu rauchen. Nur eines duldete der Kanzler nicht: Wenn ihm der Landtmann-Chef Zauner seine politischen Ansichten darlegen wollte. Als Herr Zauner wieder einmal einen diesbezüglichen Versuch unternahm, erwiderte Raab: »I mach Ihna an Vorschlag: I versteh nix davon, wia ma an Kaffee braut und werd Ihna auch weiterhin dabei net dreinreden. Dafür lassen Sie die Finger von der Politik. Weil die is nämlich nix für Ihna.«

Die Zeiten haben sich dramatisch geändert. Mit ihnen leider auch die Zahl der Ringstraßen-Cafés.

Wo man sich »wia z'Haus« fühlt
Österreichische Gasthauskultur

Speisekarte brauchte man keine, in jenen Tagen, als sich das Wirtshaus immer größerer Beliebtheit zu erfreuen begann. Wozu auch: Es gab ohnehin nur Gulasch, Schnitzel, Schweinsbraten und Frankfurter. Heute gibt es weniger Gasthäuser, doch die verbliebenen haben deutlich an Auswahl und Qualität gewonnen.

»Einkehrgasthöfe«, die vor allem für Reisende gedacht waren, gibt's schon viel länger, doch die familienfeindlichen Stehweinhallen der Wiener wurden erst um das Jahr 1800 vermehrt von Wirtshäusern abgelöst, in denen man auch warme Mahlzeiten zu sich nehmen und Frau und Kinder mitbringen konnte.

Naturgemäß boten die Wirte in den biedermeierlichen Vororten ihre Speisen und Getränke wesentlich billiger an als ihre Kollegen in der Stadt. Und so nützten die Wiener die Sonntage zu Ausflügen an die Peripherie, wobei sich das nahe Neulerchenfeld besonderer Beliebtheit erfreute. Der Vorort nahm einen großen Aufschwung und wurde wegen seiner vielen Lokale »des Heiligen Römischen Reichs größtes Wirtshaus« genannt.

Von den 156 Häusern, die es in Neulerchenfeld gab, beherbergte die Hälfte – genau 83 Häuser – konzessionierte Schankbetriebe. An schönen Sommertagen vergnügten sich bis zu 16 000 Wiener in den Gastgärten des Ortes. Ein beliebtes Lokal war die Rote Breze, in der ab 1838 die Kapellen von Lanner und Strauss Vater aufspielten.

Die *Neue Illustrierte Zeitung* berichtete 1879, dass laut Polizeibericht in Wien insgesamt 6080 »öffentliche Locale« (Gaststätten,

Ort der Geselligkeit: Typisches Wiener Gasthaus um 1910

Bierhallen, Kaffeehäuser, Volksküchen, Branntweinschenken, Suppenanstalten und Hotels) registriert waren. Die Frage, warum die Wiener so gerne auswärts »tschechern« gingen, wusste schon der trinkfreudige Knieriem in Nestroys *Lumpazivagabundus* zu beantworten: »Im Haus schmeckt einem der beste Trunk nicht, im Wirtshaus muss man sein, das ist der Genuss, da ist das schlechteste G'söff ein Hautgout.«

Die Speisen der Gasthöfe wurden nicht nur von den »kleinen Leuten« geschätzt. Selbst Kaiser Franz Joseph labte sich mit Wirtshauskost. Er selbst konnte natürlich nicht in eine »Restauration« gehen, aber er ließ sich jeden Tag aus dem hofburgnahen Michaeler Bierhaus zum Gabelfrühstück ein paar Frankfurter mit einem Seidl Bier bringen.

Apropos. Wiens erstes Bräuhaus öffnete bereits im Jahr 1416 seine Pforten. Bier wurde zum Lieblingsgetränk der Wiener, sein Konsum war doppelt so groß wie der Weinverbrauch.

Bemerkenswert sind heute noch existierende Traditionslokale wie der Rathauskeller und das Griechenbeisl in der Innenstadt, das Schweizerhaus im Prater und das Kaffeehaus der Wienerlied-Legende Schmid-Hansl in Währing.

Als während des Ersten Weltkrieges die Männer ins Feld zogen, schlossen viele Wirtshäuser – großteils für immer. Die Zeit, da es an einer Kreuzung bis zu drei Gasthöfe gab, war vorbei, aber es gibt immer noch viele. Und man besucht sie nicht nur der Nahrungs- und Genussmittelaufnahme wegen, sondern auch als Ort der Geselligkeit, um am Stammtisch mit Gleichgesinnten vom Spar-, Gesangs-, Briefmarken- oder Sportverein zu kommunizieren.

Die Entwicklung der Gastronomiebetriebe zeigt den Konjunkturaufschwung der Zweiten Republik. Gab es im Jahr 1978 in ganz Österreich 15 000 Gasthäuser, so sind es heute nur noch 8000. Dafür ist die Zahl der teureren Restaurants in dieser Zeit von 1000 auf 9000 gestiegen. Mit anderen Worten: Der Österreicher ist heute bereit (und in der Lage), für Speis und Trank wesentlich mehr Geld auszugeben als vor vierzig Jahren. Insgesamt stieg die Zahl der Gastronomiebetriebe in diesen Jahren von 35 000 auf fast 60 000, wobei italienische, chinesische und japanische Restaurants den höchsten Zuwachs melden. Auf Kosten der Dorfwirtshäuser und der »Beisln« ums Eck.

Übrigens hat der Ausdruck Beisl in den vergangenen Jahrzehnten eine ganz andere Bedeutung erhalten. Galten sie früher als »Lokale niederer Güte«, so sind sie heute oft als »Nobelbeisln« sehr beliebt.

Aber egal, ob Beisl, Gasthaus oder feines Restaurant: Fest steht, dass sich der gelernte Österreicher trotz vieler Veränderungen im Wirtshaus »wia z'Haus« fühlt.

Damals wie heute.

»Es wird a Wein sein ...«
Der Heurige ist über 1200 Jahre alt

Wen es an heißen Tagen zu einem kühlen »G'spritzten« in einen schattigen Weingarten zieht, der wird wohl kaum daran denken, dass die Institution des Wiener Heurigen schon mehr als 1200 Jahre alt ist. Die Winzer dieser Stadt wurden im Jahr 795 das erste Mal aufgefordert, ihren selbst angebauten Wein auszuschenken. Das war die Geburtsstunde des Heurigen, an dessen Grundprinzipien sich bis heute nicht viel geändert hat: Ein am Eingang eines Winzerhauses befestigter »Buschen« aus grünen Föhrenzweigen zeigt Freunden edler Tropfen an, dass es hier Wein »der letzten Fechsung« gibt.

Es sollten dann fast tausend Jahre vergehen, bis Kaiser Joseph II. die gesetzliche Grundlage für den Heurigen schuf: als er am 17. August 1784 jedem Hauer gestattete, »selbst erzeugte Lebensmittel, Wein und Most wie, wann und in welchem Preise er will, zu

71

verkaufen oder auszuschenken«. Damit begann die Blütezeit des Heurigen, die vorerst ihr Ende fand, als Wiens Vorstädte eingemeindet und auf diese Weise riesige Weingebiete in Bauland umgewidmet wurden.

Viel älter als der Heurige ist natürlich der Wein selbst, den gibt es schon seit siebentausend Jahren. Vor zwei Jahrtausenden passierte dann Schreckliches, als nämlich Rom den Weinanbau in all seinen Provinzen untersagte. Womit auch in und um Vindobona, der weinseligsten Stadt des Reichs, das Pflanzen der Reben verboten war. Der Grund: Die bekanntermaßen dem Alkoholgenuss zugeneigten Römer fürchteten – nicht ganz zu Unrecht wohl –, dass unser Tropfen ihrem eigenen eine allzu starke Konkurrenz sein könnte.

Erst der römische Kaiser Probus hob das Verbot wieder auf, was wir ihm nie vergessen werden: Im Wiener Heurigenviertel Heiligenstadt erinnert heute noch eine Gasse an ihn, und das populäre Heurigenlied *Es steht ein alter Nussbaum* besingt ihn mit der schönen Zeile: »Ja, der Kaiser Probus kennt den ganzen Globus«.

Zwar zählt Österreich zu den führenden Weinländern Europas, doch wurde hier in früheren Zeiten wesentlich mehr angebaut als heute. Hauptgrund für den dramatischen Rückgang war ein katastrophales Weingartensterben im 19. Jahrhundert, als weite Teile des Landes von der Reblaus befallen wurden.

Dieses mit den Worten »I muss im früher'n Leben a Reblaus g'wesen sein« oft besungene, aber keineswegs liebenswerte Tier war 1872 durch kalifornische Reben eingeschleppt worden und verbreitete sich so rasant, dass der Rebenhandel zeitweise zum Erliegen kam. Ganze Weinberge mussten gerodet werden, Winzer verarmten, und doch konnte man der Reblaus jahrzehntelang nicht Herr werden.

Hans Moser, der berühmteste Interpret der »Reblaus«, hasste das Lied, weil darin ein Schmarotzer besungen wurde, der den Wein zerstörte. Er selbst saß auch privat gern beim Heurigen – als einer von vielen Künstlern, die die anregende Atmosphäre der Buschenschanken zu schätzen wussten.

Allen voran Franz Schubert, der sich 1821 im Wiener Vorort Salmannsdorf im ersten Stock eines Winzerhauses einmietete und diese Nachbarschaft mit seinen Zechkumpanen ausgiebig zu nutzen wusste. Nachdem er bei einem Grinzinger Heurigen eingekehrt war, notierte sein Freund Hartmann: »Wir alle waren rauschig, besonders aber Schubert. Um zwölf Uhr nach Hause.«

Oft gesehen in Buschenschanken wurden auch Ludwig van Beethoven – dessen 35 Wiener Wohnungen großteils in Heurigengegenden lagen –, Anton Bruckner, Franz Grillparzer und Ferdinand Raimund. Erwähnenswert ist in diesem Zusammenhang, dass die Leber des Volksdichters – wie seinem Obduktionsbefund zu entnehmen ist – »widernatürlich groß« gewesen sei.

Apropos: So fesch kann die Hetz gar nicht sein, dass beim Heurigen der Tod nicht ständig präsent wäre. Vor allem dann, wenn »aufg'spielt« wird. Kaum ein Heurigenlied, in dem das Sterben nicht besungen wird: *Es wird a Wein sein und wir werden nimmer sein, Warum gibt's im Himmel kan heurigen Wein, Verkauft's mei G'wand, i fahr in Himmel* oder *Erst wenn's aus wird sein mit aner Musi und an Wein.*

Doch geeichte Drahrer wissen, dass es so bald nicht aus sein wird mit ana Musi und schon gar nicht mit an Wein. Der Heurige hat alle Katastrophen überlebt, die je über unser Land hereingebrochen sind: das Weinbauverbot der Römer ebenso wie Kriege, die Pest und den Glykolskandal im Jahr 1985.

73

»Erst wenn's aus wird sein«: Ein Heuriger reiht sich in der Grinzinger Sandgasse an den nächsten, Wien 1927.

Gedanken machen sich die Winzer und Heurigenwirte dennoch über den Klimawandel. Dieser habe bisher zwar keine Auswirkungen auf die Qualität der Eigenbauweine, hört man aus dem »Verein der Wiener Heurigen«, aber die große Hitze verleitet immer mehr Wiener, an Nachmittagen ins Schwimmbad statt zum Heurigen zu gehen.

Sperrstund is'
Der Beginn der Nachtruhe

Sperrstund is',
ja irgendeinmal
macht jedes Lokal
a bisserl zu.
Sperrstund is',
man räumt langsam ab,
auch i freu mi, hab
a bisserl Ruh ...
  Hans Moser (als Kellner) in dem Wienerlied *Sperrstund is'*.
  Text: Jimmy Berg

Sperrstund – das war früher einmal vor allem etwas für Leute aus der Vorstadt. Um zehn, elf oder spätestens um Mitternacht machten die Wirtshäuser zu, und dann hieß es nach Hause gehen, mitunter auch wanken.

Sperrstund, das klingt so wienerisch, ist aber eine Einschränkung, die Menschen in aller Welt betrifft. In Teilen Österreichs wurde die Einhaltung der Nachtruhe bereits im Spätmittelalter geregelt – und das aus drei Gründen:

1) um die Anrainer der Lokale vor Lärm zu schützen und somit deren Schlafruhe zu gewährleisten,
2) aus ordnungs- und feuerpolizeilichen Gründen,
3) um allzu großen Alkoholkonsum der Nachtschwärmer einzugrenzen.

75

Die Obrigkeit dachte nämlich, dass bei Einführung einer Sperr-stunde weniger »gebechert« werden würde – was sich als falsch erwies. Im Gegenteil: Die Sperrstunde führte nur allzu oft dazu, dass man sich bis zur Schließung des Lokals schnell noch ordentlich volllaufen ließ.

In früheren Zeiten kontrollierten strenge Nachtwächter, die der jeweiligen Stadtverwaltung unterstellt waren, die Einhaltung der faktisch geltenden nächtlichen Ausgangssperre. Bis tief in die Neu-zeit hinein wurden nach dem Zusperren der Gasthäuser die Tore der Stadtmauern geschlossen und die Nachtwächter übernahmen die Aufsicht über das Geschehen in der Stadt, wobei in Wien ab dem Jahr 1688 ölbetriebene Kandelaber aufgestellt wurden, um »licht-scheue Elemente« zu vertreiben. Damit ging die Kriminalität sprunghaft zurück.

In vielen Fällen wurde kurz vor Anbruch der Sperrstunde mit einer in der Schank hängenden Glocke zur letzten Bestellung geläu-tet. Für viele Wiener endete die Sperrstunde schon gegen 21.45 Uhr. Und das aus folgendem Grund: Man musste um zehn Uhr abends zu Hause sein, weil andernfalls das sogenannte »Sperrsechserl« vom Hausmeister einkassiert wurde. Als Wohnungsmieter hatte man nämlich in diesen düsteren Tagen kein Anrecht auf einen eigenen Haustorschlüssel, daher musste nach 22 Uhr der Hausmeister seine Nachtruhe unterbrechen und gegen Bezahlung das Haustor öffnen. Das zu entrichtende »Sperrsechserl« entsprach einem Betrag von sechs Kreuzern, und das konnte bei regelmäßigem Heurigen-, Kaf-feehaus- oder Theaterbesuch ganz schön ins Geld gehen. Als Giu-seppe Verdi 1875 in Wien war, beklagte er in einem Brief an einen Freund, dass man die Opern hier in gekürzter Fassung spielte, »weil die Hausmeister um zehn Uhr abends die Haustüren schließen«.

Im 20. Jahrhundert wurden die Sperrstunden gelockert oder ganz aufgelassen. Aber nur wenige halten ihre Lokale die ganze Nacht offen, weil sich der Betrieb nicht rechnen würde. Legendär für seine fast durchgehenden Öffnungszeiten ist das Café Drechsler am Wiener Naschmarkt, dessen Ruhepause lange Zeit nur eine Stunde – von zwei bis drei Uhr nachts – betrug. Das Café Drechsler war in seinen besten Tagen der Treffpunkt für Nachtschwärmer, die erst im Morgengrauen den Weg nach Hause fanden.

In deutschen Städten wird die gesetzlich vorgeschriebene Sperrstunde von den Bundesländern geregelt, in der Schweiz, über die man ja sagt, dass um 22 Uhr »die Gehsteige hochgeklappt werden«, von den einzelnen Kantonen. In Großbritannien wurde die Sperrstunde mit dem *Licensing Act* im November 2005 abgeschafft. Allerdings machen nur wenige hundert von mehr als 60 000 Pubs Gebrauch davon, weil in den späten Nachtstunden zu wenige Gäste kommen würden. Die meisten Pubs schließen zwischen 23 Uhr und ein Uhr früh.

Sperrstund is',
Man räumt
langsam ab,
so lang's no geht …
Oba es is scho spät, Herr,
die Zeit vergeht, Herr.
Und schließlich muss ein Ober
auch amoi schlafn gehen.
No jo, bitteschön.

Witz, Humor und Anekdoten

Der Nachlass des Witzepräsidenten
Die größte Witzesammlung der Welt

S eine Doppelconférencen mit Karl Farkas. Seine Parodien auf Gilbert Bécaud und Leonard Bernstein. Seine Witzesammlung. Maxi Böhm ist unvergessen. Jahrzehnte nach seinem Tod tauchte plötzlich der künstlerische Nachlass des großen Komödianten auf. Die Nationalbibliothek hat diesen Schatz österreichischen Humors erworben.

Drei Lieferwagen waren bis oben hin gefüllt, um die unvergleichliche Sammlung aus der Wohnung von Maxi Böhms Sohn in die Wiener Hofburg zu schaffen, in der das Literaturarchiv der Österreichischen Nationalbibliothek untergebracht ist. Der Inhalt der Wagenladungen: Tausende Seiten, gefüllt mit Sketchen, Conférencen und Liedern. Und die größte Witzesammlung der Welt, bestehend aus 80 000 Witzen, die Böhm im Laufe vieler Jahrzehnte zusammengetragen hat.

Sind Witze und Kabaretttexte so wertvoll, um sie im Literaturarchiv der Nationalbibliothek neben Nachlässen großer Dichter wie Ödön von Horváth oder Heimito von Doderer aufzubewahren?

»Wir archivieren alles, was die österreichische Kultur prägt und geprägt hat«, sagt Johanna Rachinger, die Generaldirektorin der Nationalbibliothek, »und dabei spielen Kabarett, aber auch Witze

*80 000 Witze
im Laufe vieler
Jahrzehnte
zusammen-
getragen:
Maxi Böhm*

eine bedeutende Rolle, weil sie die jeweilige Zeit hervorragend doku-
mentieren.«

Hier ein paar Beispiele aus Maxi Böhms Sammlung:

**Graf Bobby überquert die Grenze, fragt ihn der Zöllner: »Alko-
hol, Zigaretten, Drogen?«
»Nein, danke. Für mich nur eine Tasse Kaffee!«**

**Brief an die Redaktion: »Wenn Sie nicht aufhören, über uns
Schotten Witze zu machen, dann werde ich mir Ihre Zeitung
nie wieder ausborgen.«**

»Ich kenne einen Mann, der seiner Freundin so viele Juwelen schenkte, dass er sie dann geheiratet hat, weil sie so eine gute Partie ist.«

Der Arzt macht nach der Untersuchung ein ziemlich besorgtes Gesicht. »Herr Doktor, ist es jetzt aus mit Wein, Weib und Gesang?«, fragt der Patient.
»Nein. Singen können Sie, so viel Sie wollen.«

Früher verdiente man sein Geld, um gut essen zu gehen. Heute, um sich eine Abmagerungskur leisten zu können.

»Sagen Sie, hat der Film ein Happy-End?«
»Ja, alle sind froh, wenn er zu Ende ist.«

»Meine Frau hat mir neulich ihren Schulatlas gezeigt – da war Amerika noch gar nicht drauf!«

Drei alte Damen sitzen beisammen und unterhalten sich. Sagt die eine: »Ich bin jetzt achtzig und sehe noch genauso gut wie in meiner Jugend.«
»Wirklich erstaunlich«, meint die zweite, »aber ich kann auch nicht klagen. Ich werde fünfundachtzig, und mein Gehör ist noch so fabelhaft, als wäre ich zwanzig.«
»Ja, ja«, fällt die dritte ein, »vorgestern bin ich neunzig geworden und immer noch Jungfrau – toi, toi, toi!«

»Der Arzt hat mir etwas zum Schwitzen gegeben.«
»Tabletten oder Tee?«
»Die Rechnung.«

In einer Schule in Hollywood sollen die Kinder eine Geschichte über eine arme Familie schreiben. Die Tochter eines Filmagenten beginnt ihre Erzählung folgendermaßen: »Es war einmal eine arme Familie. Die Mutter war arm. Der Vater war arm. Die Kinder waren arm. Das Stubenmädchen war arm. Der Kammerdiener war arm. Der Chauffeur war arm. Der Gärtner war arm. Alle waren arm.«

»Trotz eingehender Untersuchung kann ich bei Ihnen nichts feststellen. Vielleicht ist es der Alkohol?«
»Macht nichts, Herr Doktor, dann komme ich wieder, wenn Sie nüchtern sind.«

Manche Beamte nehmen so wenig, dass es schon an Unbestechlichkeit grenzt.

Ein Autofahrer beschimpft wütend einen Fußgänger: »Können S' net aufpassen? Sie sind heut schon der Dritte, in den ich hineinfahr'!«

Michael Böhm erklärt, warum er den Nachlass seines Vaters verkauft hat: »Nach dem frühen Tod meiner Schwester und meines Bruders traten meine vier Kinder und ich das Erbe meines Vaters an. Sein Archiv lagerte zwanzig Jahre in meiner Wohnung, ein anderer Teil war bei meiner Mutter. Als sie starb, haben wir alles zusammengefasst und der Nationalbibliothek angeboten.« Die sofort zugriff.

Maxi Böhm, das ist nicht nur die Geschichte eines großen Komödianten. Maxi Böhm, das ist auch die Tragödie eines Mannes, der Millionen Menschen zum Lachen brachte, dem das Schicksal aber nichts ersparte. Hat er doch zu Lebzeiten zwei seiner drei Kinder verloren. Am 5. August 1979 stürzte seine Tochter Christine, eine 25-jährige, überaus talentierte Schauspielerin, bei einem Spaziergang im Schweizer Tessin so unglücklich von einem Felsen, dass sie sofort tot war.

Und im Jahr darauf nahm sich sein 31-jähriger Sohn Max jun. das Leben.

Zurück blieb ein gebrochener Vater, der sich auch in seinem Beruf gefährdet sah. Wer würde noch über die Witze eines Komikers lachen, der mit solchen Schicksalsschlägen fertig werden musste?

»Mein Vater hat alles sehr schwer ertragen und flüchtete in seine Arbeit«, sagt Michael Böhm, das einzige überlebende Kind des Ehepaares Huberta und Max Böhm. »Er musste seinem Publikum auch in dieser Situation immer einen anderen vorspielen, konnte nie er selbst sein, und daran ist er wohl auch zerbrochen.«

Die persönliche Tragödie des Maxi Böhm ist auch der Grund dafür, dass sein Sohn die private Familienkorrespondenz aus dem Nachlass herausgenommen und nicht an die Nationalbibliothek übergeben hat. »Das sind Briefe und Dokumente, die nur für den engeren Kreis der Familie bestimmt waren. Und dabei soll es auch bleiben.«

Dass das einzigartige Humorarchiv erhalten blieb und der Wissenschaft sowie Interessenten zugänglich gemacht wurde, grenzt an ein Wunder, denn während Maxi Böhm am 4. Jänner 1983 auf dem Wiener Zentralfriedhof zu Grabe getragen wurde, plünderten Einbrecher seine Wohnung und nahmen mit, was nicht niet- und nagelfest war. Die Täter wurden gefasst, einer bei einem späteren Banküberfall erschossen. Aber das Diebsgut tauchte nie wieder auf. Glücklicherweise wurde der künstlerische Nachlass von den Tätern nicht berührt, sodass dieser geschlossen der Nationalbibliothek übergeben werden konnte.

»Wir haben uns sicher für die beste Lösung entschieden«, meint Michael Böhm. »Ich bin überzeugt, dass die Aufbewahrung in der Nationalbibliothek ganz im Sinne meines Vaters ist, weil das von ihm so liebevoll aufgebaute Archiv für alle Zeiten der Öffentlichkeit zur Verfügung stehen wird.«

»Wenn man sie überlebt«
Wie der britische Humor entstand

Ein Fotograf sagte zum achtzigjährigen Winston Churchill: »Ich hoffe, Sir Winston, ich werde das Vergnügen haben, Sie auch an Ihrem hundertsten Geburtstag fotografieren zu dürfen.«

Worauf der Premierminister erwiderte: »Wenn Sie gut auf Ihre Gesundheit aufpassen, junger Mann, gerne!«

Das ist der englische Humor, und die Briten brauchen ihn in stürmischen Brexit-Zeiten und wenn sie die Fußball-Europameisterschaft knapp verlieren ganz besonders. Woher aber kommt diese spezifische Form des Witzes?

Seine Wurzeln liegen in den »Music Halls«, die ab der Mitte des 19. Jahrhunderts im Londoner Armenviertel East End aus dem Boden schossen. In den billigen Tavernen wuchs kein Geringerer als Charlie Chaplin auf, dessen Vater dort als Sänger und Entertainer und dessen Mutter als Tänzerin auftraten. Chaplin begleitete seine Eltern in Bars und Vergnügungslokale, in denen er als Kind seine ersten Auftritte hatte.

Als Charlie Chaplin – bereits als berühmter Mann – eine Opernarie zum Besten gab, wunderten sich die Leute im Publikum, dass er so gut singen konnte. Er erwiderte: »Ich kann gar nicht singen. Ich habe nur Caruso nachgemacht.«

Vielfach wird behauptet, dass die besten Pointen des britischen Humors aus Irland kämen, wozu die Schriftsteller George Bernard Shaw und Oscar Wilde – beide stammten aus Irland – wichtige Beiträge geliefert hätten.

Als Oscar Wilde von einer Zeitung um Nennung der zehn besten Bücher gebeten wurde, antwortete er: »Es ist mir leider nicht möglich, Ihnen die zehn besten Bücher aufzuzählen, da ich nur fünf geschrieben habe.«

Das Publikum in den »Music Halls« bevorzugte eher derbe Scherze, die sich vornehmlich gegen die Oberschicht richteten. Das war nur möglich, weil das viktorianische England längst schon eine parlamentarische Demokratie war, während in Österreich-Ungarn oder in Deutschland immer noch autokratische Strukturen herrschten, deren Zensur diese Form des Witzes nicht zugelassen hätte. Die Respektlosigkeit und Direktheit kennzeichnen den britischen Humor bis heute – ebenso wie die Fähigkeit zur Selbstironie: Man sagt, ein Engländer lacht drei Mal über einen Witz. Das erste Mal, wenn ihn jeder versteht. Das zweite Mal eine Woche später, wenn er denkt, dass er ihn versteht. Und das dritte Mal einen Monat später, wenn ihm jemand den Witz erklärt.

Chaplins Karriere wäre ohne seine Anfänge in den »Music Halls« nicht denkbar gewesen, und er war es auch, der den englischen Humor – allerdings in stark verfeinerter Form und angereichert mit genialen Slapstick-Szenen – durch die Figur des »Tramps« weltberühmt machte. Nach ihm waren es Comedians wie John Cleese und die Monty Pythons, Rowan Atkinson (»Mr. Bean«) und Sacha Baron Cohen (»Borat«, »Brüno«), die den Gags von der Insel große internationale Aufmerksamkeit verschafften. Dennoch bekommen die Kontinentaleuropäer nur einen Bruchteil der britischen Pointen vorgesetzt, da diese oft nur im Londoner Cockney-Dialekt funktionieren beziehungsweise nicht übersetzbar sind.

Very British war auch der Humor des Universalgenies Peter Ustinov, der mir 1981 in einem Interview erklärte: »Ich bin Engländer und gehöre mit meinen vielen Berufen vierzehn Gewerkschaften an. Ich weiß also gar nicht, ob ich gerade streike oder ob ich arbeiten darf.«

Und bezüglich des englischen Schulsystems meinte Sir Peter damals: »Die britische Schulausbildung ist die beste der Welt. Wenn man sie überlebt.«

Der in den »Music Halls« entstandene Humor erreichte zunehmend auch andere Gesellschaftsschichten, verbreitete sich in ganz England und ging den Briten schließlich in Fleisch und Blut über, wodurch die oft skurrilen Verhaltensweisen Einzug in den Alltag hielten:

Sobald der Schauspieler Peter Sellers an einer Rolle arbeitete, wollte er unter keinen Umständen mit seiner Umwelt in Kontakt treten, um nur ja in Ruhe seinen Text lernen zu können. Das bekam auch seine Frau zu spüren. Während er im Arbeitszimmer seines Hauses büffelte, hielt sich Anne Sellers in der danebenliegenden Küche auf. Sie ging, als es klingelte, zur Tür und nahm ein Telegramm entgegen. In dem stand: »Bring mir bitte eine Tasse Tee! Peter.«

Der englische Humor ist nicht jedermanns Sache und gilt – ganz anders als etwa der Wiener Schmäh – als trocken, spöttisch und morbid. Er ist aber auch durch Schlagfertigkeit und Understatement gekennzeichnet, wie dieses Beispiel zeigt: Als Margaret Thatcher 1979 als neue Regierungschefin in Downing Street Nr. 10 einzog, wurde ihr Mann Denis gefragt, wer in dieser Ehe die Hosen anhätte. Worauf er antwortete: »Ich. Und ich wasche und bügle sie auch.«

Je absurder ein Thema, desto besser eignet es sich für Gags »Made in Great Britain«.

Da Winston Churchill zahllose Beiträge zum englischen Humor lieferte, sei er zum Schluss noch einmal zitiert:

Nancy Astor, die Frau eines Mitglieds des britischen Oberhauses, saß bei einem Dinner neben dem Premierminister – gegen den sie eine maßlose Aversion hegte. Als das Dessert serviert wurde, sagte Lady Astor zu Churchill: »Wenn Sie mein Mann wären, würde ich Ihnen jetzt Gift in den Tee schütten.«

Der Premierminister erwiderte: »Und wenn Sie meine Frau wären, würde ich ihn auch trinken.«

Ob's uns gefällt oder nicht. So lacht man in Großbritannien!

»Haben Sie hier Extrapreise oder ich?«
Anekdoten aus Österreich

Das Café Central war das Stammlokal des Kaffeehausliteraten Peter Altenberg – schon deshalb, weil der stets in Geldnöten befindliche Bohemien hier »anschreiben« lassen konnte oder andere Möglichkeiten fand, seine Zeche zu begleichen. So bat er eines Tages einen am Nebentisch sitzenden Herrn um zwei Kronen, um auf diese Weise zu einer Portion Reisfleisch zu kommen. Der Fremde gab ihm das Geld und Altenberg bestellte das Reisfleisch. Als er gegessen und bezahlt hatte, warf ihm der Spender vor: »Warum verlangen Sie zwei Kronen von mir, Herr Altenberg, wenn Sie doch dem Ober nur 1,20 Kronen bezahlen müssen?«

»Na hören Sie«, erwiderte Altenberg, »haben Sie hier Extrapreise oder ich?«

Der Schriftsteller Franz Molnár – berühmt geworden durch seine Vorstadtkomödie *Liliom* – war mehrmals und meist ziemlich kurz verheiratet, und auch die Ehe mit der Operettensängerin Sári Fedák hielt nicht sehr lange. Dies sollte die Künstlerin nicht daran hindern, auch nach der Scheidung noch unter dem klingenden Doppelnamen »Sári Fedák-Molnár« aufzutreten, um so ihren schon etwas verblassenden Ruhm durch den berühmten Namen ihres früheren Mannes aufzupolieren. Molnár setzte daraufhin ein Inserat mit dem Wortlaut in die Zeitung: »Ich lege Wert darauf, kundzutun, dass Frau Sari Fedak-Molnár *nicht* – meine Mutter ist! Franz Molnár.«

89

Fritz Grünbaum war in der Zwischenkriegszeit der kongeniale Doppelconférence-Partner von Karl Farkas. Die beiden waren aber auch Theaterdirektoren, Regisseure und bearbeiteten Stücke für die von ihnen geleiteten Bühnen. Eines Tages erhielt Grünbaum das Angebot, eine in Berlin laufende Komödie für wienerische Verhältnisse zu adaptieren. Sein Partner war diesmal nicht Farkas, sondern der damals nicht minder berühmte Schriftsteller und Kabarettist Paul Morgan. Grünbaum und Morgan reisten also an die Spree, um sich das dort erfolgreich aufgeführte Boulevardstück anzusehen.

Nach wenigen Sätzen wurde ihnen klar, dass das Lustspiel für Wien ungeeignet und in seiner Witz- und Geistlosigkeit auch sonst unerträglich war. Grünbaum flüsterte Morgan schon nach fünf Minuten ins Ohr: »Paul, ich halt das nicht länger aus, ich geh!«

»Das kannst du nicht machen«, erwiderte Morgan, »wir sind eingeladen, man kann nicht einfach weggehen, wenn man Freikarten hat!«

Grünbaum beugte sich diesem Argument, meldete sich aber nach weiteren fünf Minuten neuerlich zu Wort: »Ich ertrage diesen Schwachsinn nicht. Ich geh!«

Und wieder beschwichtigte Morgan: »Ich sag dir doch, das kannst du nicht machen! Wir haben Freikarten!«

Wieder vergingen fünf Minuten, in denen das Stück seinen unaufhaltsam dümmlichen Verlauf nahm. Einmal noch neigte sich Grünbaum seinem Partner Morgan zu. Und er sagte jetzt: »Ich hab genug. Ich renn zur Kassa, kauf zwei Karten und geh nach Hause.«

Eine Geschichte, die mir Paul Hörbiger erzählte: Er gehörte in den letzten Monaten des Zweiten Weltkrieges einer Widerstandsbewegung an, zu der eines Tages Hans Moser als Gast stieß. Ein befreun-

»Und so wollt's ihr den Krieg
verlieren?« Volksschauspieler
Hans Moser

deter Cafétier hatte der Runde im Schleichhandel in einer für das
Kriegsjahr 1944 unvorstellbaren Qualität und Menge Lebensmittel
besorgt. Kaum war das konspirative Gespräch beendet, schritten
die Herren zum gemeinsamen Abendessen. Die Türen wurden
geöffnet und die Künstlerrunde betrat den Speiseraum. Da blieb
Moser kurz stehen, schaute sich erstaunt die Leckerbissen an und
sagte zu den Freunden: »Und so wollt's ihr den Krieg verlieren?«

Ioan Holender ist als längstdienender Direktor in die Geschichte der
Wiener Staatsoper eingegangen. Im ersten Jahr stand er jedoch
noch im Schatten des eigentlichen Direktors Eberhard Waechter.
Erst nach dessen plötzlichem Tod im März 1992 übernahm Holen-
der die alleinige Leitung des Hauses. Aber bis dahin war er selbst im
Opernhaus bei Weitem nicht so bekannt wie später dann.
    Der Zuschauerraum war schon abgedunkelt, als Holender eines
Abends zu spät in die Vorstellung kam. Die Ouvertüre hatte bereits
begonnen, da schlich der Co-Direktor zu seiner Loge. Leider hatte er

die Rechnung ohne den Platzanweiser gemacht. Der hielt ihn am Rockzipfel fest und flüsterte: »Ihre Karte bitte!«

Der Direktor flüsterte zurück: »Ich bin Holender!«

Darauf der Billeteur: »Ticket please!«

Als ich einmal für den ORF eine Dokumentation über die Kapuzinergruft schrieb, interviewte ich in einem Studio Otto von Habsburg, der während der Dreharbeiten über seine dort ruhenden Vorfahren sprach*. Als die Kameras ausgeschaltet waren, plauderten wir noch weiter, und da fragte ich Otto von Habsburg, wie oft er bisher in der Gruft seiner Ahnen gewesen sei.

»Ich war«, antwortete er, »nur drei Mal dort. Das erste Mal als Kind 1916 beim Begräbnis Kaiser Franz Josephs. Dann war ich einmal in den 1970er-Jahren dort, um mir die Sarkophage in Ruhe ansehen zu können. Und zuletzt 1989, beim Begräbnis meiner Mutter, Kaiserin Zita. Ja, drei Mal bin ich dort gewesen.«

Ich sah den Sohn des letzten Kaisers verwundert an und fragte: »Sie waren nur drei Mal in der Kapuzinergruft?«

»Ja, wissen Sie«, lächelte er, »jedes Mal, wenn ich dort hinkomme, habe ich den Eindruck, die Patres schau'n mich ganz genau von oben nach unten an, um schon einmal Maß zu nehmen. Für später dann!«

Mittlerweile hat Otto von Habsburg dort tatsächlich seine letzte Ruhe gefunden.

Der Industrielle Manfred Mautner Markhof senior trug einen imposanten Backenbart, der an den alten Kaiser Franz Joseph selig erin-

---

* Siehe Seiten 253–257

nerte. Während des Treffens von John F. Kennedy und Nikita Chruschtschow im Mai 1961 in Wien schien dieser Bart zum Auslöser einer Verwechslung zu werden. Beim Galadiner für die beiden Politiker im Schloss Schönbrunn waren höchste Vertreter der Gesellschaft anwesend, zu denen natürlich auch Mautner Markhof zählte. Dieser hielt sich, als der US-Präsident und der Kreml-Chef am Ende des Festes zum Aufbruch drängten, im großen Spiegelsaal auf. Kennedy, der während des ganzen Abends einem Porträt Kaiser Franz Josephs gegenübergesessen war, sah nun Mautner Markhof mit seinem Backenbart leibhaftig vor sich stehen. Der Präsident der Vereinigten Staaten ging auf ihn zu, reichte ihm die Hand und sagte: »Thank you very much!«

Man vermutete damals, dass Kennedy den Industriellen Mautner Markhof für den alten Kaiser gehalten hatte.

Strassen, Gegenden und Gebäude

»Aber dann zieht sich der Weg«

Die wechselvolle Geschichte der Kärntner Straße

Jeder Wiener kennt sie, jeder Tourist durchquert sie. Weniger bekannt ist die wechselvolle Geschichte der Kärntner Straße. Kaum zu glauben, dass sie vor rund achthundert Jahren schon angelegt wurde, um die Verbindung Wiens in Richtung Süden zu eröffnen. Anno 1257 wurde sie erstmals als *Strata Carinthianorum* erwähnt. Hier waren im Mittelalter die Fleischer, Fischhändler, Färber und andere Gewerbetreibende zu Hause, vor allem aber beherbergte sie Klöster und Spitäler.

Das St.-Clara-Kloster reichte von der Kärntner Straße bis zum Lobkowitzplatz, und es bot den »adeligen Witwen und Jungfrauen« ebenso Unterkunft wie jenen weiblichen Mitgliedern des Kaiserhauses, für die sich kein Ehemann fand.

Eines Tages gab es hier einen handfesten Skandal. Die Ordensschwestern waren an strenge Regeln gebunden, zu denen auch ein absolutes Schweigegelübde zählte. 1528 drang der Sittenverfall der Renaissance bis ins Clara-Kloster vor, als die Schwangerschaft einer Nonne bekannt wurde.

Im Jahr darauf wurde das ebenfalls auf der Kärntner Straße beheimatete Bürgerspital von den einfallenden Türken niedergebrannt, worauf die Kranken in das bisherige St.-Clara-Kloster übersiedelten. Die medizinische Versorgung war katastrophal, die Ärzte weigerten sich, Arme zu untersuchen, da der Kontakt »für Personen, die üblen geruch nicht gewöhnt sind, unerträglich sei.« Kaiser Joseph II. ließ später die Reste des Bürgerspitals abtragen und baute stattdessen das Allgemeine Krankenhaus.

Nun konnte die Kärntner Straße elegant werden. Das hatte seinen Preis: Ende des 19. Jahrhunderts wurde im Zuge des Ringstraßenbaues ein Großteil der alten Häuser abgerissen, um die nur neun Meter breite Verkehrsader zu einem doppelt so breiten Boulevard umzugestalten. Es entstanden noble Wohn- und Geschäftshäuser, Hotels und Restaurants. Heute stehen – auch als Folge des Zweiten Weltkrieges, in dem die Kärntner Straße besonders heftig bombardiert wurde – nur noch drei der ganz alten Gebäude, darunter das Palais Esterházy, in dem sich Wiens Casino befindet.

Das älteste und kulturhistorisch wertvollste Haus verdankt seinen Namen dem Grafen Moritz Esterházy, der das im 17. Jahrhun-

Noble Wohn- und Geschäftshäuser, Hotels, Cafés und Restaurants: Blick in die Wiener Kärntner Straße um 1925

dert errichtete Palais im Jahr 1871 vom Grafen Alois Károlyi kaufte. Moritz Graf Esterházy war ein Cousin Nikolaus Esterházys, der als Förderer Joseph Haydns Geschichte schrieb. Moritz Esterházy war der lebende Beweis dafür, dass Reichsein nicht unbedingt auch Glücklichsein bedeuten muss. Fünf Jahre ehe der Graf das Palais auf der Kärntner Straße kaufte, hatte die Monarchie mit Königgrätz eine der schlimmsten Niederlagen ihrer Geschichte erlebt. Sie brachte dem Grafen Esterházy als Folge einer geradezu unglaublichen Intrige den Schicksalsschlag, der sein weiteres Leben zerstören sollte.

Esterházy, der als Minister ohne Portefeuille zu den engsten Beratern Kaiser Franz Jospehs zählte, wurde von seinen Gegnern im Kabinett die Rolle des Sündenbocks zugespielt. Mehrere Minister behaupteten, Esterházy wäre der »Alleinschuldige von Königgrätz«, er hätte den Kaiser in den Krieg gegen Preußen getrieben.

Die besondere Tragik Esterházys lässt sich heute noch nachvollziehen. Aus den alten Protokollen des Kronrats geht nämlich hervor, dass sich gerade er als eines der wenigen Regierungsmitglieder eindeutig gegen den Krieg ausgesprochen hatte, da die k. k. Armee seiner Überzeugung nach aufgrund ihrer Schwäche verlieren musste.

Trotz seiner Integrität und absoluten Treue zum Kaiser gelang es seinen Neidern, Esterházy nach Königgrätz zum Rücktritt zu bewegen. Doch damit nicht genug, scheuten sie keine Mittel und Wege, den Aristokraten ungarischer Herkunft auch persönlich zu ruinieren. Um Esterházys leicht belegbare Beweise seiner Unschuld an Königgrätz zu entkräften, ließ man ihn für verrückt erklären. Man munkelte, der Graf misshandelte seine Frau und hätte sein prächtiges Schloss Csakvar in der Nähe von Budapest mehrmals angezündet. Nachweisen ließ sich freilich nur ein Zimmerbrand, der entstanden war, als Moritz Esterházy eine Zigarette aus der Hand gefallen war.

Der damals 59-jährige Staatsmann war wohl alles andere als verrückt. Der übersensible Ungar hatte nach den unhaltbaren Angriffen vielmehr einen Nervenzusammenbruch erlitten. Und so gelang es, Esterházy in die Irrenanstalt von Pirna in Schlesien einweisen zu lassen, wo er nach mehrjährigem Aufenthalt starb.

Esterházy durfte sich seines prachtvollen Palais auf der Kärntner Straße also nicht allzu lange erfreuen, denn schon wenige Jahre nach dem Kauf befand er sich nicht mehr in Freiheit. Im 20. Jahrhundert hatte Wiens Modezar Fred Adlmüller seinen Salon im Palais Esterházy.

1824 bezog Ludwig van Beethoven an der Adresse Kärntner Straße Nr. 33 eine seiner Wiener Wohnungen. Er speiste im Gasthof Erzherzog Carl (Kärntner Straße Nr. 31), zu dessen Stammgästen auch Franz Grillparzer und Richard Wagner zählten.

Wiens exklusivster Salon befand sich im Palais Todesco, der seinem Hausherrn zum Verhängnis werden sollte. Eines Tages lud der Bankier Moritz von Todesco Johann Strauss zur Soiree in sein Palais gegenüber der Hofoper ein. Bei dieser Gelegenheit lernte Strauss Todescos Geliebte, die Sängerin »Jetty« Treffz, kennen und die beiden verliebten sich ineinander. »Jetty« verließ Todesco samt den sieben unehelichen Kindern, die sie von ihm und anderen Männern hatte, und heiratete den Walzerkönig.

Bis zu einem gewissen Grad verdankt die Welt der im Salon Todesco begründeten Liebe sogar die Entstehung der *Fledermaus*: Als »Jetty« bei Todesco auszog, überließ ihr der Baron eine großzügige Abfindungssumme, die sie in die Ehe mit Strauss einbrachte.

Strauss konnte es sich jetzt erst leisten, seine Konzertauftritte abzusagen und fand somit die Zeit, die *Fledermaus* zu komponieren. So steht der Salon Todesco hinter dem größten Operettenerfolg der Musikgeschichte. Im Palais Todesco war von 1947 bis 1992 die Bundesparteizentrale der ÖVP untergebracht.

Besonders turbulent waren die Empfänge vor der Staatsoper, als Caruso, die Callas oder Pavarotti in Wien gastierten. Denn das »Bühnentürl« der Oper geht zur Kärntner Straße hin. Und von hier aus wurden die großen Lieblinge von ihren Fans regelrecht auf Händen getragen.

Treffend charakterisierte Nestroy die Aufgabe der Kärntner Straße, Wien mit Kärnten, Triest und Venedig zu verbinden: »Vom Stephansplatz bis zur Oper geht's, aber dann zieht sich der Weg!«

Straße der Prominenz
Die Rotenturmstraße

Auch sie ist eine der besten und geschichtsträchtigsten Adressen der Stadt. Die Rotenturmstraße, jahrhundertealte Verbindungsader zwischen Stephansplatz und Donaukanal. In früheren Zeiten beherbergte sie Bewohner und Gäste, wie sie unterschiedlicher nicht hätten sein können. Da steht seit bald vierhundert Jahren das ehrwürdige Erzbischöfliche Palais als Sitz der Kirchenfürsten, vor dessen Toren die Prostituierten einst ihrer Freier harrten. Und der Mariahof auf Nr. 16 war der bevorzugte Treff der Wiener Unterwelt. Gleichzeitig war und ist die Rotenturmstraße eine der elegantesten Wiener Wohn-, Büro- und Geschäftsstraßen.

Im Mittelalter floss hier ein kleines, übel riechendes Bächlein, das sich den Weg bis zum heutigen Donaukanal ebnete. Später wurden Wien-Besucher, die per Schiff in die Haupt- und Residenzstadt gelangt waren, durch diese Straße ins Zentrum gelotst. Ein Chronist beschreibt die Gasse »am Rotten Thurm mit schönen grünen Bäumen bestückt, die mit Äpfeln, Birnen und Pomeranzen behängt gewesen ...«

Der genannte Rote Turm war es, dem die Straße ihren Namen verdankt. Bereits 1288 urkundlich erwähnt, stand der Turm an der Ecke zum heutigen Schwedenplatz, diente als Teil der Stadtbefestigung und damit dem Schutz vor einfallenden Feinden. 1776 wurde der Rote Turm abgetragen.

Viel Prominenz hat in der verlängerten Kärntner Straße gewohnt. Im Haus vis-à-vis des Erzbischöflichen Palais – dort, wo sich heute der Kennedy-Hof befindet – kam 1724 Eva Maria Veigel als Tochter eines Lakaien zur Welt. Sie wurde mit 22 Jahren zum Star des Londoner Haymarket Theatre und als »Mademoiselle Violette« zur gefeiertsten Tänzerin der Welt. Ihr Ruhm wurde noch größer, als sie Englands berühmtesten Schauspieler David Garrick heiratete, der Shakespeares Stücke populär machte. Nach Wien ist Eva Maria Veigel, die fast hundert Jahre alt wurde, nie wieder zurückgekehrt.

Auf Nr. 15 starb 1745 Johann Lucas von Hildebrandt, der Architekt von Prinz Eugens Belvedere und des Winterpalais. Und im Haus Nr. 20, das einst der Familie Karajan – Vorfahren des Dirigenten – gehörte, wohnte die Schauspielerin Adele Sandrock. Sie galt als erotischste Frau ihrer Zeit und verführte die Dichter Arthur Schnitzler, Roda Roda und Felix Salten – vermutlich in ihrer

Wohnung auf der Rotenturmstraße, zumal die Herren allesamt verheiratet waren.

Hier befindet sich mit den Kammerspielen eines der beliebtesten Bühnenhäuser der Stadt, in dem Lieblinge von Hans Moser über Käthe Gold bis Paula Wessely auftraten. Das Theater wurde 1910 von einem Schauspieler gegründet, der sich Mario von Rehlen nannte. Er hatte nach dem Tod seines Vaters, eines Bauunternehmers, eine große Erbschaft gemacht und das Theater unter der Bedingung finanziert, selbst darin spielen zu dürfen. Die paar Auftritte, die er sich damit erkaufte, kosteten ihn 200 000 Kronen*, denn die Kammerspiele gingen bald pleite. Ein Schicksal, das ihnen mehrmals widerfuhr. Erfolgreich sind sie erst, seit sie die Boulevard-Dependance des Theaters in der Josefstadt sind.

Das 1641 errichtete Erzbischöfliche Palais ist das bei Weitem älteste erhalten gebliebene Gebäude der Rotenturmstraße. Es erlebte seine dramatischste Stunde am 8. Oktober 1938, als Angehörige der Hitlerjugend das Palais stürmten, verwüsteten und den Domkuraten Johannes Krawarik aus einem Fenster im zweiten Stock warfen. Der Priester blieb schwer verletzt im Hof des Palais liegen und musste für mehrere Monate in Spitalspflege.

Ziemlich viel Geschichte für einen halben Kilometer zwischen »Steffl« und Franz-Josefs-Kai.

---

* Die Summe entspricht laut Statistik Austria im Jahr 2021 einem Betrag von rund 500 000 Euro.

Wieder Fußgängerzone

Die Wiener Mariahilfer Straße

Die Mariahilfer Straße war schon vor gut hundert Jahren Fußgängerzone, denn damals gab es dort natürlich keine Kraftfahrzeuge. Jetzt sind weite Teile der größten Wiener Geschäftsstraße wieder frei von Autos, Lärm und Abgasen. Wie anno dazumal.

In jenen Tagen fanden sich in der schönen Jahreszeit entlang der Mariahilfer Straße jeden Morgen zahlreiche Menschen ein, da Kaiser Franz Joseph mit seinem zweispännigen Landauer, von Schönbrunn kommend, stadteinwärts in die Hofburg fuhr. Die Leute zogen ihren Hut und verneigten sich, der Monarch winkte zurück und blickte stolz auf die reich verzierten Fassaden, denn die Mariahilfer Straße war in seiner Regierungszeit das geworden, was sie heute noch ist: eine breite Promenade, eingesäumt von repräsentativen Wohn- und Warenhäusern.

Zu Kaisers Zeiten erlebte die Mariahilfer Straße ihren Aufschwung, wofür allerdings die meisten der alten ein- bis zweistöckigen Bürgerhäuser niedergerissen werden mussten. Prunkvolle Gründerzeitbauten entstanden, die Straße verlor ihren dörflichen Charakter und wurde erheblich verbreitert.

Zum goldenen Ritter hieß das erste große Modewaren- und Konfektionsgeschäft, das Mitte des 19. Jahrhunderts eröffnet wurde, danach ließen die Kaufleute August Herzmansky und Alfred Gerngross aus kleinen Tuch- und Gemischtwarenhandlungen riesige Warenhäuser entstehen. Durch die damaligen Neubauten wurde die »Mariahilfer Linie« zur Mariahilfer Straße. Davor war die

Gegend unwegsam, von Weingärten eingesäumt und stellenweise so steil, dass die Bewohner der Stadt Schwierigkeiten hatten, mit ihren Fuhrwerken in die Vororte zu gelangen.

Die beiden Einkaufstempel auf der Mariahilfer Straße waren nicht nur durch ihre Nachbarschaft, sondern auch durch einen Konkurrenzkampf von selten dagewesener Härte miteinander verbunden: August Herzmansky hatte 1863 in der Kirchengasse ein kleines Tuchgeschäft eröffnet, das ständig expandierte, bis es zum Großwarenhaus wurde. Gleichzeitig machte sich Herzmanskys ehemaliger Angestellter Alfred Gerngross in derselben Branche selbstständig – und das mit ähnlichem Erfolg.

August Herzmansky starb 1896 kinderlos, kurz bevor sein neues Warenhaus fertig war, wodurch Alfred Gerngross zum Kaufhauskönig wurde. In ihrer besten Zeit hatte die Firma Gerngross bis zu 1600 Angestellte und wurde so groß, dass sie auf der Mariahilfer Straße dreizehn Nachbarhäuser dazukaufte, in denen fünf Aufzugsanlagen und eine Rolltreppe für Aufsehen sorgten. Das Geheimnis des Erfolgs waren kleine Gewinnspannen und hohe Umsätze, und man verstand es auch, durch Werbung und den Tausch von Altkleidern gegen neue Ware breite Bevölkerungsschichten anzulocken.

Viel später wurden die Geschäfte der einstigen Erzfeinde Herzmansky und Gerngross fusioniert. Der Schriftzug Herzmansky steht heute noch auf den Resten der Fassade des alten Warenhauses. 1979 kam es im Kaufhaus Gerngross zu einem Großbrand, der das Gebäude fast völlig zerstörte. Wesentliche Teile der Bausubstanz mussten abgetragen und durch einen Neubau ersetzt werden.

Die Geschichte der Mariahilfer Straße lässt sich zwei Jahrtausende zurückverfolgen, wurde sie doch noch von den Römern als Verkehrsweg Richtung Westen angelegt. Im 17. Jahrhundert ließen sich hier viele Handwerker und Gewerbetreibende nieder, und später erblickte manch prominenter Wiener auf der Mariahilfer Straße das Licht der Welt.

1790 wurde im Haus Zum goldenen Hirschen, schräg gegenüber der Stiftskirche, Ferdinand Raimund geboren.

Johann Strauss Vater bezog mit seiner Frau Maria im Haus Nr. 65 Quartier, in dem 1827 sein später nicht minder berühmter Sohn Josef zur Welt kam.

Weiter draußen, auf Nr. 107, hatte der Mechaniker Siegfried Marcus eine kleine Werkstätte, in der er 1870 das erste Auto der Welt konstruierte. Sein zweiter Marcus-Wagen befindet sich heute noch auf der Mariahilfer Straße: im Technischen Museum.

Die Mariahilfer Straße (links die Stiftskirche) war auch vor hundert Jahren schon »Fußgängerzone«.

Im Haus Nr. 208 kam 1870 Sigmund Freuds Mitstreiter und späterer Gegenspieler Alfred Adler, der Gründer der Individualpsychologie, zur Welt.

Das »Raimund-Haus«, in dem der Dichter seine ersten Lebensjahre verbrachte, ist eines der wenigen Altwiener Häuser, die den Ausbau der Mariahilfer Straße zum Einkaufsboulevard überlebten. Im dritten Stock der Stiege 1 wohnte die Familie des Drechslermeisters Raimann, wie Raimund eigentlich hieß. Das Haus wurde bei den Massenabbrüchen im 19. Jahrhundert nur deshalb verschont, weil es auch weiterhin als Denkmal an den Schöpfer des *Alpenkönigs* erinnern sollte.

Hatte das aus dem 18. Jahrhundert stammende Durchhaus mit den vielen Höfen, die bis nach Gumpendorf hinunterführen, die Kaiserzeit überstanden, so wäre es nach dem Zweiten Weltkrieg beinahe der Spitzhacke zum Opfer gefallen. Denn der damalige Hausherr versuchte den Nachweis zu erbringen, dass der Dichter gar nicht in »Raimunds Geburtshaus« zur Welt gekommen sei, sondern ganz woanders. Und damit, so der Hausherr, hätte das Haus jegliche Berechtigung verloren, weiterhin erhalten zu werden. Schon dachte man an den Abriss und den Bau eines modernen Bürogebäudes, das wesentlich höhere Mieteinnahmen erzielt hätte.

Doch die Bewohner des Hauses Mariahilfer Straße Nr. 45 ließen es nicht so weit kommen. Sie durchstöberten Archive und sprachen mit Historikern, bis sie beweisen konnten, dass Ferdinand Raimund sehr wohl im Haus Zum goldenen Hirschen geboren worden war. Womit ein Stück altes Wien gerettet wurde.

Zerstörungen hatten die Bewohner der Mariahilfer Straße übrigens auch schon lange, bevor sie so hieß, erleben müssen. 1529 wurde beim Herannahen der Türken ein Großteil der Häuser niede gebrannt, und als Napoleon 1809 Wien besetzte, ließ er von dort wo heute Mariahilfer Straße und Getreidemarkt einander kreuz n, Granaten abschießen, die etliche Häuser in Brand steckten und sie zehn Menschen töteten.

Venedig in Wien
Eine vergessene Gegend im Prater

Venedig in Wien war eine der größten Unterhaltungssensationen, die die k. u. k. Haupt- und Residenzstadt zu bieten hatte. Auf dem 50 000 Quadratmeter großen Gelände zwischen Ausstellungsstraße und Prater-Hauptallee wurde ab Mai 1895 wahrhaft Aufsehenerregendes geboten: Originalgetreu nachgebaute Palazzi, die man an den Ufern künstlicher Kanäle errichtet hatte, vermittelten eine verblüffend venezianisch anmutende Atmosphäre. In den Häusern und Palästen befanden sich Geschäfte und Vergnügungsetablissements, aber auch Glasbläser aus Murano.

Eintritt ins venezianische Paradies fanden die Besucher am Praterstern, von wo aus sie mittels »original-italienischer Gondolieri« ins Zentrum der Lagunenstadt gerudert wurden.

Der »Vater« dieser Sensation, die jeden Sommer bis zu zwei Millionen Menschen anlockte, hieß Gabor Steiner und war im alten Wien fast so berühmt wie sein Bruder: Franz Steiner hatte es als Direktor des Theaters an der Wien zu einiger Popularität gebracht – nicht nur seiner künstlerischen Leistungen wegen, sondern weil er

1882 mit Lili Strauss – der zweiten Frau des Walzerkönigs – durchgebrannt war.

Johann Strauss kannte keine Sippenhaftung. »Ich kann nur betonen, dass mein Mann immer mit Sympathie und Wertschätzung von Ihnen sprach«, schrieb seine Witwe Adele in einem Brief an Gabor Steiner. Unnötig zu erwähnen, dass viele Strauss-Werke im wienerischen Venedig aufgeführt wurden.

Schließlich waren an den Lagunen der Leopoldstadt mehrere Bühnen etabliert, an denen Musikgiganten von Franz Lehár über Oscar Straus bis Richard Strauss dirigierten und Publikumslieblinge wie Mizzi Zwerenz, Max Pallenberg und Fritzi Massary auftraten. Wer eher für Belcanto schwärmte, ließ sich durch italienische Straßensänger begeistern, die am Canal Grande und in den Gastgärten *O bella Napoli* trällerten, wobei »der schöne Luigi« der beliebteste war. Auch wenn sein Stimmvolumen als bescheiden galt, hatte es der schwarze Lockenkopf dem weiblichen Publikum angetan.

Die Behörde stand dem Projekt Venedig in Wien vorerst reserviert gegenüber, Polizeipräsident Franz von Stejskal meinte sogar, als Gabor Steiner ihm die Pläne vorlegte: »Endlich haben wir an' Ort, wo wir alle Gauner finden werden.«

Doch die Kriminalität hielt sich in Grenzen. Steiner wusste, wie wichtig es ist, seriös zu sein, damit Familien ins venezianische Wien kämen. So tat er alles, um die auf Kundschaft hoffenden Hübschlerinnen samt »Beschützern« aus Klein-Venedig fernzuhalten. Nackte Mädchen gab's nur im Moulin Rouge, einer Kopie des Pariser Lusttempels, in dem schöne Frauen männlichen Besuchern den Kopf verdrehten – mehr jedoch nicht, da »dem p. T. Publikum die Berührung der Tänzerinnen verboten« war.

Mittels »original-italienischer Gondolieri« ins Zentrum der Lagunenstadt:
Venedig in Wien um 1900

Steiner war ein PR-Genie und hatte bald erkannt, dass die von ihm erfundenen Attraktionen jedes Jahr durch neue, noch mehr Aufsehen erregende überboten werden mussten. Und so ließ er 1897 in Venedig in Wien das Riesenrad errichten. Anfangs musste die Polizei des Öfteren einschreiten, da es »Waggons separées« gab, die von Liebespaaren mit Separees ganz anderer Art verwechselt wurden. Manche Besucher benahmen sich darin so ungeniert, dass die Fahrt im Riesenrad auf dem Polizeikommissariat endete.

Doch selbst solche »Skandale« hielten die Prominenz nicht davon ab, Venedig in Wien zu beehren. Kronprinz Rudolfs Witwe Stephanie ließ sich mit ihrer Tochter Elisabeth von einem Gondoliere über den Canal Grande führen, Erzherzog Franz Ferdinand riskierte eine Fahrt im Riesenrad und Bürgermeister Karl Lueger zählte gar zu den Stammgästen der wienerischen Venedig-Kopie im Verhältnis 1:3.

Mit den Jahren wurde es immer schwieriger, das Publikum für den Amüsierbetrieb im Prater zu begeistern. Worauf Gabor Steiner halb Venedig abreißen, die Wasserstraßen zuschütten und eine internationale Stadt bauen ließ, die »von spanischen, ägyptischen und japanischen Gassen« durchzogen wurde. Der Name Venedig in Wien war jedoch so populär, dass er – auch wenn es längst keine Gondeln und Kanäle mehr gab – beibehalten wurde. Bis Steiners Venedig im September 1912 Konkurs anmelden musste.

Rettung im letzten Moment
Die Wiener Sofiensäle

Am 16. August 2001 gingen die Sofiensäle in einem Flammenmeer unter. Es dauerte zwölf Jahre, bis dieses Stück altes Wien wiederauferstand. Dabei gleicht es einem Wunder, dass die historischen Mauern nicht ganz abgerissen wurden, hatten doch etliche Eigentümer nach dem Brand nur eins im Sinn: die Reste des Unterhaltungstempels dem Erdboden gleichzumachen, um das Grundstück in bester Lage möglichst profitabel zu verwerten.

Das konnte verhindert werden, indem der historische Teil des Gebäudes durch Einspruch des Bundesdenkmalamtes wiederaufgebaut und um ein Wohn- und Hotelzentrum erweitert wurde. Somit erhielten die Sofiensäle eine weitere Funktion, nachdem sie bisher schon als Dampf- und Schwimmbad, Rekonvaleszentenheim, Vortrags-, Konzert- und Ballsaal Verwendung gefunden hatten. Tausende Wiener wagten hier ihre ersten Walzerschritte, und prominente Künstler haben in den Sofiensälen »aufg'spielt«.

Der erste war Johann Strauss Vater, der 1848 den Eröffnungsball der Sofiensäle dirigierte, und Johann Strauss Sohn hat hier hundert seiner Werke aus der Taufe gehoben. In den Sommermonaten als Schwimmbad in Funktion, gab man im Winter Bälle und Konzerte, bei denen bis zu 2700 Besucher Platz fanden.

Zu verdanken haben wir das Bauwerk dem aus Böhmen zugewanderten Franz Morawetz, dessen betuchte Frau ihm ein Haus in der Marxergasse schenkte. Er eröffnete darin ein Textilgeschäft, dessen Erfolg jedoch ausblieb, worauf ihm ein russischer Major riet, auf dem Grundstück ein »russisches Bad« zu errichten, was damals als letzter Schrei galt.

Herr Morawetz baute und eröffnete 1838 eine Kuranstalt, zu deren ersten Gästen eine unter Gliederschmerzen leidende Kammerfrau der Erzherzogin Sophie zählte, die in dem Dampfbad geheilt wurde. Als Erzherzogin Sophie – die Mutter des späteren Kaisers Franz Joseph – daraufhin das Kurbad besuchte, erhielt es ihr zu Ehren den Namen »Sofienbad«.

Das medizinische »Wunder« der Kammerfrau sprach sich in Wien wie ein Lauffeuer herum – und verlieh dem Sofienbad enormen Zulauf, weshalb sich Herr Morawetz 1846 zu einem erweiterten Neubau entschloss, mit dem er zwei der prominentesten Architekten betraute: Eduard van der Nüll und August Sicard von Sicardsburg, die nachmaligen Erbauer der Wiener Hofoper, planten in der Marxergasse eine der ersten großen Eisenkonstruktionen Wiens und damit ein bahnbrechendes Gebäude. Erst durch die Erweiterung wurden aus dem Sofiensaal die Sofiensäle und diese zu einem der beliebtesten Musik-, Tanz- und Ball-Lokale der Stadt.

Aber Herr Morawetz hatte sich mit seinen großzügigen Plänen finanziell übernommen, weshalb er sein Etablissement in eine Aktiengesellschaft umwandeln musste. Er blieb dem Unternehmen jedoch – obwohl er im Alter von 48 Jahren völlig erblindet war – bis zu seinem Tod 1868 als Direktor verbunden.

Unter den vielen Vorträgen, die im Großen Saal gehalten wurden, sticht jener vom 22. März 1912 hervor, den der Schriftsteller Karl May hielt. Der Titel seines Referats *Empor ins Reich der Edelmenschen* erscheint eigentümlich und lockte zwei Zuhörer in die Sofiensäle, wie sie unterschiedlicher nicht hätten sein können: die Friedensnobelpreisträgerin Bertha von Suttner und den arbeitslosen Ansichtskarten-Maler Adolf Hitler.

Der Vortrag in den Sofiensälen war übrigens Karl Mays letzter öffentlicher Auftritt. Der Vater Winnetous und Old Shatterhands erlag acht Tage später, siebzigjährig, einer Lungenentzündung, die er sich vermutlich in Wien zugezogen hatte. Bertha von Suttner erinnerte sich in ihrem Nachruf an den Karl-May-Abend in den Sofiensälen: »Wer den schönen alten Mann sprechen gehört, der musste das Gefühl haben: In dieser Seele lodert das Feuer der Güte.«

Im Ersten Weltkrieg als Rekonvaleszentenheim für verwundete Soldaten in Verwendung, bleibt es Spekulation, ob Hitlers Besuch in den Sofiensälen Einfluss darauf hatte, dass sie später regelmäßig von seinen Anhängern heimgesucht wurden. Zum ersten Mal am 4. Mai 1926, als der Mittelschullehrer Richard Suchenwirth im Großen Saal die Gründungsversammlung der österreichischen NSDAP abhielt. Und später wurden die Sofiensäle von den Nazis als »Sammelstelle zur Deportation freigegebener Juden« missbraucht.

Nach dem Krieg besann man sich des erfreulicheren Teils ihrer Geschichte und baute die Sofiensäle wieder zu einem der beliebtesten Ball- und Theatersäle der Stadt aus. Ein Glanzpunkt der Nachkriegszeit war die Wiener Erstaufführung von Fred Raymonds Operette *Maske in Blau* am 15. Mai 1946. Die schweren Zeiten schienen für einen Moment vergessen, als der Tenor »Schau einer schönen Frau nicht zu tief in die Augen« sang.

Doch bald drohten die Sofiensäle ihre Identität zu verlieren, waren mal Ballsaal, dann Konzerthaus oder Ort politischer Veranstaltungen. Immer wieder in Finanznöten, war hier zuletzt Wiens größtes Clubbing etabliert, ehe weite Teile des Traditionsgebäudes im Jahr 2001, nachdem der hölzerne Dachstuhl bei Schweißarbei-

*Bälle und
Konzerte, bei
denen bis zu
2700 Besucher
Platz fanden:
die Wiener
Sofiensäle 1950*

ten Feuer gefangen hatte, ausbrannten. Nur Reste der Außenmau-
ern, das Foyer und drei Seitenwände des Großen Saales konnten
gerettet werden.

Dennoch, im Herbst 2013 begann für die wiederaufgebauten
Sofiensäle eine neue Ära. Einmal mehr als Veranstaltungsort – nun
aber auch mit Wohn- und Hotelbereich.

Berufe

Seine Majestät, der Hauswart
Porträt eines Originals

Der Hausmeister. Ein Original, das sich zwei Jahrhunderte lang – je nach Temperament und Charakter – als Respektsperson, Seele des Hauses oder Schreckensherrscher zeigte. Es gibt ihn seit Beginn des 19. Jahrhunderts, als immer mehr Menschen in die Städte drängten und große Wohnbauten entstanden, die der Ordnung und gnadenlosen Autorität des Hausmeisters bedurften. In den eleganten Gründerzeithäusern ebenso wie in den Zinskasernen der Vorstädte.

Seine Aufgaben reichten von der Reinigung der Gänge über die Schneeräumung bis zum Inkasso der Mieten. Obwohl er kein festes Gehalt bezog, herrschte um jeden freien Posten ein Griss. Der Grund: Hausmeister logierten kostenlos – wobei die Unterkünfte nur selten als Wohnungen bezeichnet werden konnten, es waren vielmehr feuchte, finstere, meist im Tiefparterre gelegene Löcher.

Von Nestroy bis Qualtinger als Type beschrieben, zeigte sich die Figur des Hausbesorgers meist als herrische Person, die mit strengem Blick »die Parteien« inspizierte. Kein Bewohner hätte es je gewagt, sich dem hausmeisterlichen Urteil zu widersetzen. Während heute rund achtzig Prozent der Hausmeister Frauen sind, wurde die Tätigkeit früher fast nur von Männern ausgeübt, da man

Respektsperson, Seele des Hauses oder Schreckensherrscher: der Hausmeister

ihnen bei den nicht selten auftretenden Streitfällen »an der Bassena« mehr Autorität zutraute. An Sonn- und Feiertagen pflegte Seine Majestät der Hauswart Pfeife rauchend auf dem Hausmeisterbankerl zu thronen, Haus und Gasse niemals aus den Augen lassend, denn die waren sein Königreich.

Oft schritt der Hausmeister als Ordnungshüter seines Rayons ein. Da er als »heimlicher Hausherr« über die alleinige Schlüsselgewalt verfügte, lag es an ihm, ob etwa eine junge Frau spätabends noch einen Besucher empfangen durfte oder nicht. Meist hingen solche »moralischen Entscheidungen« von der Höhe des Trinkgeldes ab.

In der Nazizeit mutierten nicht wenige Hausmeister zum »Blockwart«, dem es oblag, Mieter zu demütigen oder gleich an die Gestapo zu verraten. »Da war a Jud im Gemeindebau, a gewisser Tennenbaum, sonst a netter Mensch«, sagte der Herr Karl. »Hab i ihn hing'führt, dass er's Trottoir aufwischt. Und der Hausmasta hat zuag'schaut und g'lacht. Er war immer bei ana Hetz dabei.« Freilich gab es auch Hausbesorger, die mithalfen, verfolgte Bewohner zu verstecken und so vor der Deportation in ein KZ zu schützen.

Der Dichter Heimito von Doderer beklagte »die Verhausmeisterung Wiens«, wo die Hälfte aller Hausbesorger lebt, und erklärte, dass »die meisten Hausmeister Powondra oder Soukoup heißen«. Seither wurden die böhmischen von serbischen, kroatischen und türkischen Hauswarten abgelöst. Und doch sind mehr Österreicher als Ausländer im Beruf, über dessen Angehörige der Publizist Ernst Molden meinte: »Der Wiener Hausmeister ist entweder Ausländer oder ausländerfeindlich.«

Zigarrengeschäft mit Doppeladler
Die Institution des Trafikanten

Die Tabak-Trafik. Eine österreichische Einzigartigkeit. Anderswo gibt es Zigarrenläden, Kioske, Zeitschriften-Geschäfte. Aber Trafiken, die gibt's nur in Österreich. Kaiser Joseph II. hat sie erschaffen, als er 1784 das Tabakmonopol ins Leben rief. Wie Maria Theresia mit der Einführung des Glücks-spiels das Budget zu sanieren versuchte, so kam ihrem Sohn die Idee, die Einnahmen des Staates durch den zunehmenden Tabak-konsum seiner Untertanen zu vermehren.

Neben Anbau, Herstellung und Import der Tabake sollte auch der Einzelhandel mit Rauchwaren aller Art dem Staat vorbehalten bleiben. Da wirkte es überaus menschlich, die Führung von Trafi-ken mittels kaiserlicher Verordnung »vornehmlich Militärinvali-den oder Soldatenwitwen« zu überlassen, »um diesen einiges Unterkommen und Verdienst zu verschaffen«. Freilich hatte der so human scheinende Gedanke den wohlkalkulierten Hintergrund, dass sich der Staat auf diese Weise Millionen an Invalidenpensio-nen ersparte. Den stolzen Trafikanten stand dafür das Privileg zu, ihre Geschäftsportale mit dem kaiserlichen Doppeladler schmü-cken zu dürfen.

In allen Teilen der Monarchie entstanden nun Trafiken, und Zehntausende Soldaten, die »für ihr Vaterland« ein Bein oder einen Arm verloren hatten, träumten von der Zuweisung eines solchen Geschäfts als sichere Einnahmequelle, denn »rauchen und fressen werden die Leut immer«, wie es in dem Stück *Geschichten aus dem Wiener Wald* heißt, mit dem Ödön von Horváth durch die Trafikantin Valerie dem ganzen Berufsstand ein literarisches Denkmal setzte.

Die eine oder andere Trafik hat in Österreich sogar Geschichte geschrieben. So erhielt der Sohn des hingerichteten Tiroler Freiheitshelden Andreas Hofer als Zeichen des Dankes einen k. k. Tabakverlag. Auch der Mutter des späteren Wiener Bürgermeisters Karl Lueger wurde eine Trafik zugesprochen, nachdem ihr Mann als Kriegsinvalider früh verstorben war. Mit den Einnahmen aus diesem Tabakladen auf der Landstraße konnte sie das Jus-Studium ihres Sohnes finanzieren. Auch der spätere Bundeskanzler Alfons Gorbach, der im Ersten Weltkrieg ein Bein verloren hatte, war – ehe er in die Politik ging – Trafikant: Er führte eine kleine Trafik in Linz und später den Grazer Tabakhauptverlag (eine Art Großhandel für Trafikanten).

Von Anfang an waren die Trafikanten bemüht, ihr Angebot auszuweiten, um nebst Zigarren und offenen Tabaken auch Zeitungen, Brief- und Stempelmarken, Postkarten und Tramway-Fahrscheine anzubieten, wobei sie sich in der Monarchie verpflichten mussten, »zwischen sechs Uhr früh und 22 Uhr (!) zur Bedienung der Konsumenten gegenwärtig zu sein«.

Eine k. k. Trafik in bester Lage konnte aber auch ein gutes Geschäft sein, das laut Überlieferung »mehr als zwei Generalspensionen« trug. Erfreuten sich zu Kaiser Josephs Zeiten noch Zigarren größter Beliebtheit, so wurden diese, als Karl Marx die »Havanna« als Sinnbild des Kapitalisten verteufelte, von Zigaretten abgelöst. Dass der Tabakgenuss gesundheitsschädlich ist, war kein Thema in den k. k. Trafiken, zu deren Stammkundschaft prominente Raucher wie Nestroy, Schnitzler und Freud zählten.

Auf Tabakläden traf man in allen Teilen der Monarchie, wobei sie – ähnlich wie Gasthäuser und Greißlereien – zu beliebten Treff-

Einstige Öffnungszeiten von sechs Uhr früh bis 22 Uhr: Tabak-Trafik in Wien

punkten wurden. Heute noch werden trotz vielfachen Rauchverbots die höchsten Einnahmen durch den Zigarettenverkauf erzielt. Nach den Zigaretten sorgen Lotto, Zeitungen und Magazine für die wichtigsten Umsätze.

Wurden bei der Vergabe von Trafiken einst Kriegsversehrte bevorzugt, so sind es heute vornehmlich Zivilinvalide und deren Angehörige. Auch das Tabakmonopol ist seit Österreichs EU-Beitritt in seiner alten Form nicht mehr da. 2001 wurden die Austria Tabakwerke privatisiert.

Figaro hier, Figaro da
Leibfriseur im Frack

Vom berühmten Wiener Schauspieler Fritz Kortner wird erzählt, dass er eines Tages von einem Friseurmeister gefragt wurde: »Wie soll ich Ihre Haare schneiden, Herr Kortner?« Worauf dieser kurz von seiner Zeitung aufsah und antwortete: »Schweigend!«

Ja, in den Frisiersalon geht man nicht nur, um sich die Haare schneiden zu lassen, er ist auch Ort der Begegnung und des Gedankenaustauschs (was Herrn Kortner wenig erfreute).

Haare und Bärte mussten naturgemäß immer schon gestutzt und gepflegt werden. Aufgrund von Gräberfunden wissen wir, dass die Ägypter bereits um 4000 v. Chr. ihre Haare mit Messern, Haarnadeln und Elfenbein-Kämmen versorgt haben. Im Mittelalter, aber auch viel später noch, waren Bader und Barbiere nicht nur Haarschneider, sondern auch Chirurgen und Zahnärzte. (Bei aller Liebe zu meinem Stammfriseur: Einen Zahn oder den Blinddarm möchte ich mir doch nicht von ihm ziehen lassen.)

In fast allen Kulturen gingen die Frisuren mit der Mode einher. Die Haarpracht hat sich im Lauf der Geschichte immer wieder radikal verändert, und sie war – passend zur Kleidung – immer Ausdruck ihrer Zeit. Trugen Damen im üppigen Barock turmhohe Frisuren und Herren aufwendig gesteckte Perücken, so setzte man während der Französischen Revolution mit langer, wilder Mähne ein Zeichen des Protests.

Ähnlich war's in den 1960er-Jahren, als die Beatles mit ihren »Pilzköpfen« Akzente setzten. Junge Männer wollten die

Haare ebenso lang haben, um so gegen das Establishment zu protestieren.

In dieser Zeit machten auch Marilyn Monroe, Brigitte Bardot, Elvis Presley und Jackie Kennedy ihre Frisuren zu ihrem unverwechselbaren Markenzeichen, später dann Prinzessin Diana. In den 1920er-Jahren wiederum zeigten Frauen mit kurz geschnittenem »Bubikopf«, dass sie im Zeitalter der Emanzipation angekommen waren.

Der Berufsstand des Friseurs im heutigen Sinn bildete sich erst im 19. Jahrhundert. Und gerade da nahm die Wiener Friseurkunst eine dominierende Stellung in der Welt ein. Coiffeur Hans Bundy, der einer alten Friseurdynastie entstammt, erzählt, dass sein Urgroßvater mütterlicherseits als Barbier noch die Berechtigung hatte, sowohl Haare zu schneiden als auch Zähne zu ziehen.

Die berühmteste Haarkünstlerin ihrer Zeit hieß Fanny Feifalik und war die Leibfriseurin der Kaiserin Elisabeth, die einen regelrechten Kult um ihr kastanienbraunes Haar betrieb. Niemand sonst wandte für die Pflege ihrer Haarpracht so viel Zeit, Geduld (und Geld) auf wie Sisi. Ihr sonst kunstvoll geflochtenes Haar reichte, wenn sie es offen trug, bis zu den Fersen und wurde von Fanny Feifalik alle drei Wochen einen ganzen Tag lang (!) gewaschen und täglich drei Stunden frisiert. Fanny erhielt laut Brigitte Hamanns Sisi-Biografie das Gehalt eines Universitätsprofessors. Kein Wunder, die Kaiserin ließ sich nur von ihr frisieren und weigerte sich, bei einer offiziellen Veranstaltung zu erscheinen, wenn Fanny Feifalik einmal krank war.

Der Leibfigaro des Kaisers hieß Josef Sennhofer und veröffentlichte seine Memoiren, weshalb wir auch über die Haar- und Bartgepflogenheiten Franz Josephs Bescheid wissen. »Es war im

Jahr 1902, als ich den Kaiser zum ersten Mal bediente«, schreibt Sennhofer. »Er war mit mir zufrieden und ich wurde Kammerfriseur. Mein Dienst begann täglich um halbsechs Uhr früh.« Sennhofer berichtet, dass er im Frack zu erscheinen hatte, wann immer er den Kaiser einseifte.

Bei Ausbruch des Ersten Weltkrieges war Josef Sennhofer gerade mit Franz Joseph in Bad Ischl, wo er die Einberufung zum Militär erhielt. Der spätere Kaiser Karl fragte bestürzt: »Ja, wer wird denn jetzt den Kaiser rasieren?« Das Problem wurde österreichisch gelöst: Josef Sennhofer blieb vormittags Leibfriseur und musste sich an den Nachmittagen in der Kaserne einfinden. »Am Sterbetag des Kaisers, dem 21. November 1916 rasierte ich um sechs Uhr früh zum allerletzten Mal meinen Herrn.«

In der Nazizeit wurde die Haarmode vom »Führer« beeinflusst. So trugen damals viele Männer den Scheitel wie Hitler auf der rechten Seite. Der hatte ebenfalls einen Leibfriseur: August Wollenhaupt wurde nach dem Krieg als minderbelastet eingereiht. Wohl nicht, weil er als »Friseur des Führers« auf den etwas eigenartigen Fall seiner Strähnen zu achten und seinen Schnurrbart zu stutzen hatte, sondern weil er seit 1937 Mitglied der NSDAP war. Der »Führer« war übrigens knausrig. Wie uns August Wollenhaupt hinterließ, gab er nur zwei Mark Trinkgeld.

Wie wichtig der Berufsstand des Friseurs ist, beweist nicht nur, dass er zwei der populärsten Opern ihren Titel verlieh: Mozarts *Die Hochzeit des Figaro* und Rossinis *Der Barbier von Sevilla*. Die Bedeutung des Coiffeurs und Bartschneiders geht auch aus einer Begebenheit hervor, von der Friedrich Torberg in seiner *Tante Jolesch* berichtet: Der Wiener Fabrikant Thorsch hatte seinem Raseur Langer, der jahrelang zu ihm ins Haus kam, so lange mit allen erdenkli-

Die Frisur war immer Ausdruck ihrer Zeit: Wiener Frisiersalon um 1935

chen Launen zugesetzt, bis diesem der Kragen platzte. Langer hörte mitten im Einseifen auf, packte wortlos sein Zeug zusammen und verschwand. Thorsch versuchte es mit anderen Raseuren, von denen aber keiner über Langers Qualitäten verfügte. Eines Tages verließ Thorsch in formeller Besuchskleidung das Haus und sagte zu seinem Sohn: »Im Leben eines jeden Mannes kommt einmal der Tag, an dem er entweder um Entschuldigung bitten oder sich selbst rasieren muss. Ich geh mich entschuldigen.«

Die Wahrheit über den Zölibat

Ursprünglich durften Priester heiraten

Die hochwürdigen Herren hießen Habsburg, Schwarzenberg, Auersperg, Kinsky, Liechtenstein. Und sie waren sehr reich. Da erwies es sich als vorteilhaft, dass sie ehe- und kinderlos bleiben mussten. Denn so konnte ihr Vermögen, als sie starben, in den Schoß der Mutter Kirche fallen. Das, so mutmaßen Historiker, ist mit ein Grund, dass es den Zölibat gibt.

Fest steht, dass die Priester in den Anfängen der römisch-katholischen Kirche ein ganz normales Sexual- und Eheleben führten. Vom Zölibat war keine Rede, aber es zeigte sich bald, dass die Kirche dazu neigte, ihren Amtsträgern die Lust an der geschlechtlichen Liebe zu nehmen. So hielt es Papst Siricius bereits im Jahr 385 für »ein Verbrechen, wenn Priester nach ihrer Weihe noch mit ihren Ehefrauen verkehren«.

Mit anderen Worten: Geistliche Herren durften verheiratet sein, nicht jedoch mit ihren Frauen schlafen. Um jeglicher Versuchung zu widerstehen, sollten sie in getrennten Schlafzimmern ruhen, was in der Realität – trotz angedrohtem Ausschluss aus dem Klerikerstand – ein frommer Wunsch der Kirchenherren blieb.

Es vergingen mehr als sechs Jahrhunderte, ehe die verordnete Lustfeindlichkeit zum Eheverbot führte. Papst Benedikt VIII. war es, der im Jahr 1022 die bis dahin geduldete Priesterehe untersagte, obwohl die Ehelosigkeit nirgendwo in der Bibel verlangt wird. Auch Jesus hat sie nicht gefordert, sondern nur Ehebruch und Scheidung angeprangert, was von Theologen später als Argument für den Zölibat umgedeutet wurde. Geistliche, die Frauen hatten, galten nun als

»schmutzig«, und das, obwohl sämtliche Apostel inklusive Petrus, des ersten Papstes, verheiratet waren.

Wie wenig Verständnis die Priester anfangs für den als »Geschenk Gottes« bezeichneten Zölibat hatten, bekam Bischof Altmann 1074 in Passau zu spüren. Als er während einer Messe die von Rom geforderte neue Enthaltsamkeit verkündete, entstand innerhalb des Klerus ein derartiger Tumult, dass der Bischof aus Angst um sein Leben fluchtartig den Dom verließ.

Das Eheverbot sorgte aber für noch weiter reichende Folgen, war es doch mit ein Grund, dass es im 11. Jahrhundert zur Abspaltung der Ostkirche und rund fünfhundert Jahre später der Protestanten kam. Martin Luther bezeichnete den Pflichtzölibat als Werk des Teufels und stellte es evangelischen Priestern frei, »ehelich oder nicht ehelich sein zu wollen«.

Sicher spielte bei den Zölibatsargumenten der katholischen Kirche der Reichtum adeliger Bischöfe und Äbte eine Rolle, konnten doch mit dem Vermögen, das sie der Kirche vermachten, ganze Klöster und Dome errichtet werden. Hätten sie Frauen und Kinder gehabt, wären diese erbberechtigt gewesen. Der Zölibat hatte – und hat – also auch ökonomische Gründe.

So sehr die Päpste auf die sexuelle Enthaltsamkeit ihrer Priester, Ordensmänner und Nonnen bedacht waren, so wenig hielten sie sich selbst an ihre Gesetze. In der Renaissance wollte kaum ein Pontifex päpstlicher als der Papst sein, weshalb schönen jungen Frauen (und auch Männern) die Türen zum Vatikan offen standen. Während aber die Konkubinen meist still und heimlich in die Privatgemächer der Heiligen Väter geschleust wurden, hatte Innozenz VIII. kein Problem, seine Gespielinnen in aller Öffentlichkeit zu empfangen. Er zeugte sechzehn Töchter und Söhne, die er selbst taufte, traute und mit einträglichen Posten im Kirchenstaat versorgte.

Nicht besser war sein Nachfolger Alexander VI., der – unmittelbar nachdem er ein Paar getraut hatte – die Braut in sein Bett zerrte: Giulia Farnese, wie sie hieß, ist als »Hure des Papstes« bekannt geworden, ihr Bruder wurde, um sein Schweigen zu erkaufen, Kardinal. Er ist dann als Paul III. (und vielfacher Vater) selbst Papst gewesen. Zweifellos war in der Renaissancezeit manch Heiliger Vater mehr Vater als heilig.

Allerdings ist die sexuelle Askese keine Erfindung der katholischen Kirche. Heidnische Priester gingen in vorchristlichen Zeiten so weit, sich entmannen zu lassen, um »reine Mittler zwischen Gott und der Menschheit« zu sein – durch Geschlechtsverkehr wären sie, so die Ansicht der Babylonier, Ägypter und Phönizier, befleckt gewesen. Andere Religionen verboten ihren Priestern Tage vor Betreten des Tempels, eine Frau zu berühren.

Zwischen Ideal und Wirklichkeit lagen freilich in allen Kulturen Welten. Der wechselhafte Besuch katholischer Mönche und Nonnen gehörte zum Alltag, es gab Männer- und Frauenklöster, die durch unterirdische Gänge verbunden waren, um den sündhaften Verkehr heimlich gestalten zu können.

Der Zölibat ist ein seit Jahrhunderten beliebtes Diskussionsthema. Er wird heute von der überwiegenden Mehrheit des Kirchenvolks abgelehnt.

OHNE KAISER
GEHT'S NICHT II

Die beste Reiterin der Welt

Kaiserin Elisabeth liebte es hoch zu Ross

Kaiserin Elisabeth war nicht nur die schönste Monarchin ihrer Zeit, sie galt auch als beste Reiterin der Welt. Sie betrieb den Reitsport, wie alles, was sie liebte, in höchster Perfektion und beherrschte sämtliche Disziplinen im Damensattel.

Elisabeth erlernte die Reitkunst schon als Kind, ihr Vater Herzog Max in Bayern war ihr erster Reitlehrer. Er ließ sie als revolutionäre Neuerung ohne Steigbügel reiten und für sie einen eigenen Damensattel anfertigen. So gewöhnte sich Sisi daran, ihr Gleichgewicht zu halten und war bald so geschickt, dass sie über Hindernisse springen konnte. Schon in ihrer Jugend für waghalsige Manöver bewundert, erlebte sie ihre Blütezeit als Reiterin im Alter zwischen 35 und 45 Jahren.

Als Sisi 1854 Kaiser Franz Joseph geheiratet hatte und nach Wien übersiedelt war, trainierte sie regelmäßig Dressur in der Spanischen Hofreitschule, deren Ausbildner Franz Jebhart erklärte, dass »die Kaiserin jede Reiterin, die ich kenne, in den Schatten stellt«.

Elisabeth nahm dem Reitsport zuliebe auch Ärgernisse auf sich. Etwa, als sie im Sommer 1875 in die Normandie reiste – übrigens gegen den Willen des Kaisers, weil Österreich nicht gerade im besten Einvernehmen mit der noch jungen dritten französischen

Republik stand. »Es wird Dir dort etwas geschehen«, fürchtete Franz Joseph, aber Sisi beharrte auf der Reise, auch wenn sie sich der Gefahren bewusst war und vor der Abfahrt ihr Testament aufsetzte.

Der Aufwand für solche Reitausflüge war enorm: Die Kaiserin wurde von sechzig Personen begleitet, darunter Reitlehrer, Stallmeister, Hofsekretär, etliche Hofdamen, Hofarzt, aber auch von ihren Lieblingspferden. In der Normandie logierte Elisabeth in dem eigens für sie angemieteten Schloss Sassetot bei Le Havre.

Wie von Franz Joseph befürchtet, kommt es in Frankreich zu unangenehmen Vorfällen (die gegen Österreich gerichtet sind). Als die Kaiserin einmal versehentlich über angebaute Felder reitet, wird sie von Bauern beschimpft, woraus Zeitungen eine Staatsaffäre machen. »Die Leute«, schreibt sie an den Kaiser nach Wien, »sind hierzulande frech und unartig ... Beim Reiten hatte ich oft Unannehmlichkeiten, auf den Straßen sind alle bemüht, die Pferde zu schrecken.«

Elisabeth ist zwar eine hervorragende Reiterin, aber sie erkennt ihre Grenzen nicht und mutet sich zu viel zu. So kommt es am 10. September 1875 in der Normandie zu einem schweren Reitunfall, den ihre Hofdame Marie Festetics in ihrem Tagebuch so schildert: »Bei einer niedrigen Hecke macht das Pferd der Kaiserin einen übertrieben großen Satz, strauchelt und fällt auf die Knie. Die Kaiserin wird mit großer Wucht aus dem Sattel geschleudert, bleibt bewusstlos auf dem Rasen liegen. Hofarzt Doktor Widerhofer holt Elisabeth ins Bewusstsein zurück, doch sie spricht nur wirres Zeug und weiß weder, wo sie sich befindet, noch was geschehen ist.« Der Arzt stellt eine Gehirnerschütterung fest, gegen die Kopfschmerzen wird sie mit Eisumschlägen behandelt.

Franz Joseph, der von dem Unfall telegrafisch verständigt wird, will sofort zu seiner Frau reisen, doch die politischen Umstände in Wien lassen es nicht zu. »Ich kann den Gedanken nicht ausdenken«, meldet er sich brieflich, »was geschehen hätte können. Was sollte ich auf der Welt ohne Dich, den guten Engel meines Lebens?«

Kaum genesen, denkt Sisi wieder nur an eines: ans Reiten! Und schon bewegt sich der Tross in Richtung ihres ungarischen Landguts Gödöllő, in dessen Umgebung die Spitzensportlerin ausgiebig und schnell durchs Gelände reitet. »Ich freue mich sehr, wieder mehr Pferde zu haben«, lässt sie den Kaiser wissen, »ich hatte hier (in Frankreich) zu wenige«. Sie kündigt an, wieder »öffentlich reiten« zu wollen, um zu zeigen, dass sie wegen des »Rumplers« nicht den Mut verloren habe.

Schloss Gödöllő liebte Sisi auch deshalb besonders, weil sie dort eine Manege besaß und mit echten Zirkuspferden durch Reifen springen konnte. Geschult wurde sie darin von Springreiterinnen des Wiener Zirkus Renz.

Von Ungarn zieht es Sisi weiter nach England, wo sie in den 1870er- und frühen 80er-Jahren Fuchs- und Hirschjagden reitet. »Die Kaiserin ist stundenlang im Sattel«, schreibt ihr Biograf Egon Caesar Conte Corti, »ihre Umgebung immer in Todesangst um sie«. Aufsehen erregt sie bei einem London-Aufenthalt mit ihrem Ritt durch den Hyde Park.

Am 5. April 1876 kommt sie in Wien an, Franz Joseph ist froh, seine Gemahlin endlich wieder in seiner Nähe zu wissen, und zahlt 109 516 Gulden* für ihren fast einjährigen Reitausflug.

---

* Die Summe entspricht laut Statistik Austria im Jahr 2021 einem Betrag von rund 1,2 Millionen Euro.

Eine großartige Reiterin, aber sie kannte ihre Grenzen nicht: Kaiserin Elisabeth

Im nächsten Jahr wieder auf Reitjagden in England, verbietet Sisi ihrem neunzehnjährigen Sohn Rudolf, daran teilzunehmen, weil diese für ihn »zu gefährlich« seien.

Elisabeth schart die Elite der internationalen Reiter um sich, ihr unangefochtener Vorreiter ist aber der Brite Bay Middleton, zu dem sich eine innige Beziehung – manche nannten es eine Romanze – entwickelt. Als der charismatische Reiter 1882 heiratet und die Kaiserin – wegen seiner eifersüchtigen Frau – nicht mehr begleiten darf, gibt Sisi über Nacht den Reitsport auf, da er ihr ohne ihn keinen Spaß mehr macht. Middleton stirbt mit 46 Jahren an den Folgen eines Reitunfalls.

Nach seinem Ausscheiden verkauft Elisabeth ihre rund 150 Pferde und lässt ihre Ställe in den verschiedenen Ländern auf. Ein Satz aber, den sie einst zu ihrer immer verängstigten Hofdame Marie Festetics sprach, sollte zur tragischen Gewissheit werden: »Ihr wollt, ich soll nicht mehr reiten? Ob ich's tu oder nicht, ich werde so sterben, wie es mir bestimmt ist.«

Das Jagdschloss des Kaisers
Die Sommerresidenz in Mürzsteg

Es ist kein Haus, in dem sich jeder auf Anhieb wohlfühlt. Die Einrichtung ist spartanisch, die Wände sind dicht mit Geweihen behangen, und im Mürztal kann die Witterung auch im Sommer kühl und feucht sein: jenes Haus, das Kaiser Franz Joseph 1869/70 durch die Ringstraßen-Architekten Romano und Schwen-

Kaiser Franz Joseph studierte auch in seinem Jagdschloss Mürzsteg Akten.

denwein als Jagdschloss Mürzsteg bauen ließ. Die Baukosten in Höhe von 46 000 Gulden* zahlte der Monarch aus seiner Privatschatulle, und wann immer es seine Zeit erlaubte, fuhr der begeisterte Jäger ins steirische Mürzsteg. Die Villa ist seit Kaisers Zeiten großteils unverändert geblieben, nur die Sanitäranlagen wurden erneuert.

Franz Joseph reiste, schon in Jägertracht gekleidet, per Hofzug und Kutsche an. Seine Gäste waren Jagdfreunde und Familienmitglieder, er nützte die entspannte Atmosphäre aber auch für politische Gespräche, etwa mit dem deutschen Kaiser Wilhelm II., mit dem englischen König Edward VII. und dem russischen Zaren

---

* Die Summe entspricht laut Statistik Austria im Jahr 2021 einem Betrag von rund 510 000 Euro.

Nikolaus II., mit dem es hier 1903 zur Lösung einer Mazedonien-Krise zu den »Mürzsteger Beschlüssen« kam – zweifellos die historisch bedeutsamste Handlung im kaiserlichen Jagdhaus.

Wie in Wien und in Ischl ging der Kaiser um neun Uhr abends zu Bett, um hier aber bereits zwischen zwei und drei Uhr nachts zur Jagd aufzubrechen, in späteren Jahren stand er »erst« um vier auf, studierte die mittels Sonderkurier aus Wien eingelangten Akten, um danach auf die Pirsch zu gehen. Im Mai bevorzugte er den Auerhahn, im Herbst Gämsen, und im Winter blies man zur Hirschjagd.

Im Mürztal kam es aber auch zu zwei bedrohlichen Ereignissen. Kaiserin Elisabeth überlebte 1883 wie durch ein Wunder einen Reitausflug, als sie über einen Holzsteg ritt, der dem Gewicht des Pferdes nicht standhielt. Sisi konnte – ehe sie in den reißenden Fluss gestürzt wäre – im letzten Moment gerettet werden. Und 1888 kam es zu einer hochnotpeinlichen Situation, als Kronprinz Rudolf im Rahmen einer Jagd bei Mürzsteg in Richtung seines kaiserlichen Vaters schoss und diesen um Haaresbreite verfehlte. Die Kugel traf den Ellbogen des Büchsenspanners Martin Veitegger, der vom Kaiser fünfzig Gulden Schmerzensgeld erhielt.

So selten Kaiserin Elisabeth ihren Mann überhaupt begleitete, so wenig traf man sie auch in Mürzsteg an. Vielleicht war es ihr schlechtes Gewissen, das sie dazu veranlasste, ihm an Geburtstagen und zu Weihnachten immer wieder Gegenstände zu schenken, die für Mürzsteg gedacht waren. Fest steht, dass sie mehr praktischer als romantischer Natur waren, so befanden sich darunter Küchengeschirr aus Nickel, eine Petroleumlampe, ein Waschtisch, fünfzig Abwischtücher aus Leinen, zwei englische Zimmerclosetts und ein eisernes Bett mit Federeinsatz.

Franz Joseph war das letzte Mal im Jänner 1905 in Mürzsteg, sein Nachfolger, Kaiser Karl, nützte das Schloss noch wenige Wochen vor seiner Abdankung. In der Ersten Republik versuchte man den Betrieb des Jagdhauses durch Touristenführungen und den Verkauf von Ansichtskarten aufrechtzuerhalten. Die Nationalsozialisten etablierten in der ehemaligen Villa des Kaisers ein Standesamt, und gegen Ende des Zweiten Weltkrieges wurde die ungarische Stephanskrone im Keller des Jagdhauses in einer dramatischen Rettungsaktion vor der Roten Armee versteckt.

Seit 1947 steht die Villa den Bundespräsidenten der Republik als zweiter Amtssitz zur Verfügung, doch keiner von ihnen verwendete sie als Jagdhaus. Meist werden von hier aus Bergtouren unternommen, die man auch für diskrete politische Gespräche mit Staatsgästen nützt.

Der dritte Bruder des Kaisers
Der unbekannte Erzherzog Karl Ludwig

Es waren einmal vier Brüder – drei von ihnen sind ziemlich bekannt. Der erste war Österreichs längstdienender Kaiser: Franz Joseph I. Der zweite fand als Kaiser von Mexiko ein tragisches Ende: Maximilian. Der dritte hat durch seinen extravaganten Lebenswandel große Aufmerksamkeit erregt: Erzherzog Ludwig Viktor, genannt »Luziwuzi«. Der Name des vierten Bruders jedoch ist weitestgehend unbekannt. Er hieß Erzherzog Karl Ludwig und spielte in der Geschichte der österreichisch-ungari-

*Die vier Brüder: Erzherzog Karl Ludwig, Kaiser Franz Joseph, der spätere
Kaiser Maximilian von Mexiko, Erzherzog Ludwig Viktor (von links nach rechts)*

schen Monarchie eine weit größere Rolle, als man annehmen
würde. Immerhin war er nach dem Tod des Kronprinzen Rudolf
der erste Mann in der Thronfolge. Weiters war er der Vater des in
Sarajevo ermordeten Erzherzogs Franz Ferdinand. Und er war der
Großvater des letzten Kaisers Karl.

Karl Ludwig war drei Jahre jünger als sein Bruder Franz Joseph,
er wurde am 30. Juli 1833 als dritter Sohn der Erzherzogin Sophie
und des Erzherzogs Franz Karl im Schloss Schönbrunn geboren und
von denselben Erziehern wie der spätere Kaiser aufgezogen. Karl
Ludwig verfügte über keine speziellen Talente und tat sich weder

politisch noch militärisch besonders hervor. Dennoch schlug er wie die meisten Erzherzöge eine militärische Karriere ein und brachte es traditionsgemäß bis zum General der Kavallerie. Im Alter von zwanzig Jahren war er in der Lemberger Statthalterei tätig, zwei Jahre später trat er den Posten als Statthalter von Tirol und Vorarlberg an. Diesen gab er 1861 ab, als der Kaiser mit dem Februarpatent eine Reichsverfassung erließ, die den Statthalter dem Innenminister unterordnete, was Karl Ludwig als nicht adäquat für ein Mitglied der Herrscherfamilie empfand.

Nach seinem Rücktritt als Statthalter stand er Franz Joseph ohne bestimmte Funktion zur Seite, wobei er bei vielen Gelegenheiten und mit ganz persönlichem Einsatz vor allem bei der Organisation und Eröffnung von Ausstellungen für den Kaiser einsprang. Deshalb wurde er im Volksmund auch »Ausstellungs-Erzherzog« genannt.

Karl Ludwig vertrat den Kaiser auch als Repräsentant bei der Wiener Weltausstellung 1873, war Protektor des Wiener Künstlerhauses und setzte sich gemeinsam mit der Fürstin Pauline Metternich für das Zustandekommen der großen Wiener Theater- und Musikausstellung des Jahres 1892 ein. Der Erzherzog war außerdem als Ehrenmitglied der Akademie der Wissenschaften Förderer zahlreicher wissenschaftlicher Institutionen.

Obwohl es für ein Mitglied des Kaiserhauses nicht üblich war, suchte der Erzherzog den Kontakt mit Menschen aus allen Bevölkerungsschichten, wobei er im Besonderen den Künstlern nahestand.

Karl Ludwig unternahm weite Reisen, die ihn nach Russland, Spanien, Skandinavien, Ägypten und Palästina führten, er hielt sich aber auch gerne im Schloss Artstetten und in der Villa Wartholz in

Reichenau auf, wo er sich persönlich der Erziehung seiner Söhne, Töchter und Enkel annahm.

Er führte ein harmonisches Familienleben, wobei seine drei Ehefrauen von seiner Mutter Sophie, zu der er ein enges Verhältnis hatte, ausgesucht wurden – allerdings galt er als jähzornig und extrem eifersüchtig. Der kinderlosen ersten Ehe mit der sächsischen Königstochter Margarethe folgte eine zweite mit Maria Annunziata von Bourbon-Sizilien, die ihm drei Söhne und eine Tochter schenkte: den späteren Thronfolger Franz Ferdinand, weiters Erzherzog Otto, den Vater des späteren Kaisers Karl, und Ferdinand Karl, der 1911 dem Haus Habsburg der Liebe wegen den Rücken kehrte und sich fortan Ferdinand Burg nannte.

Nachdem Erzherzog Karl Ludwig zweimal verwitwet war, heiratete er die ihn lang überlebende Maria Therese von Braganza, die zwei weitere Töchter zur Welt brachte und ihren Stiefkindern eine aufopfernde, liebevolle Mutter war.

Karl Ludwig stand Kaiser Franz Joseph sehr nahe und war ihm eine große Stütze. Nach dem Tod des Kronprinzen Rudolf war Karl Ludwig der Erste in der Thronfolge, ohne offiziell zum Thronfolger seines Bruders Franz Joseph ernannt zu werden. Da er der einzige Bruder des Kaisers war, der Söhne hatte, wurde er zum Begründer einer zweiten, zur Nachfolge auf den Thron berufenen habsburgischen Linie.

Seine Bedeutung liegt also darin, dass er den Stammbaum des habsburgischen Hauptzweiges fortsetzte, ja – wenn auch nur für kurze Zeit – rettete. Ohne ihn hätte Kaiser Franz Joseph keinen männlichen Thronfolger gehabt.

Karl Ludwig war konservativ-klerikal und neigte zu religiösem Überschwang. So segnete er Passanten aus der fahrenden Kutsche heraus. Er starb an einer Krankheit, die er sich bei einer Reise nach Ägypten und Palästina zuzog, weil er aus religiösen Gründen verschmutztes Jordanwasser trank. Er besuchte dort seinen Sohn Franz Ferdinand, der in Kairo seine Tuberkulose auskurierte. Karl Ludwig starb am 19. Mai 1896 in Wien im Alter von 62 Jahren. Er wurde in der Kapuzinergruft beigesetzt.

UNSERE NACHBARN

Wie die Deutschen zu Piefkes wurden
Die Geschichte einer Hassliebe

Piefke ist ein gebräuchlicher deutscher Familienname, den der Berliner Satiriker Adolf Glaßbrenner zur Mitte des 19. Jahrhunderts für eine Spottfigur verwendete. Das war aber noch nicht »unser« Piefke. Der erschien im Jahr 1866, als Österreich nach der verlorenen Schlacht bei Königgrätz in einer tiefen Depression steckte. Kurz nach dem schmachvollen Gemetzel kam es im Marchfeld bei Wien zur preußischen Siegesparade, an deren Spitze der deutsche Militärkapellmeister Johann Gottfried Piefke mit seinem Bruder Rudolf teilnahm. Als die beiden Musiker neben 60 000 deutschen Soldaten unter den für Österreich demütigenden Klängen des *Königgrätzer Marschs* durch Gänserndorf schritten, sollen die Ortsbewohner – der Legende nach – »Die Piefkes kommen!« ausgerufen haben.

Durch die Piefke-Brüder wurde eine Bezeichnung geboren, die den Preußen blieb. Die Piefkes wurden zum Symbol des erfolgreichen, aber ungeliebten Nachbarn. Als es die Piefke-Brüder längst nicht mehr gab, entspannte sich das deutsch-österreichische Verhältnis, kämpften die beiden Völker doch im Ersten Weltkrieg im Gleichschritt nebeneinander.

»Die Piefkes kommen!«:
Militärkapellmeister Johann
Gottfried Piefke

In der Zwischenkriegszeit baute der aus Baden bei Wien stammende Max Reinhardt in Berlin ein Theaterimperium von nie dagewesener Dimension auf. Weiters eroberten die von der Donau an die Spree geholten Kaffeehausliteraten das deutsche Feuilleton, allen voran Anton Kuh, Egon Friedell und Roda Roda, der die Bewohner der beiden Metropolen mit den Worten verglich: »Wann in Berlin a Künstler verhungert, kümmert si ka Mensch um eahm. Aber in Wien stengan Hunderte um eahm herum und sagen: Es müsset was für ihn g'schehn.«

Als die Deutschen im März 1938 in Österreich einmarschierten, waren sie wieder Piefkes. Man hatte sie zwar freudig willkommen geheißen, als sich die »Volksgenossen aus dem Altreich« aber die fettesten Posten sicherten, ließ die Sympathie stark nach. Später machten die Österreicher sprichwörtlich aus Hitler einen Deutschen und aus Beethoven einen Österreicher.

Aber bald schon konnten wir's »denen« zeigen: Als am 22. Juni 1941 Rapid Wien den deutschen Fußballklub Schalke 04 mit 4:3 vernichtend schlug, wurden die »schlappen Ostmärker« deutsche Meister.

In den Nachkriegsjahren entwickelte sich Deutschland mit dem Wirtschaftswunder zu Österreichs wichtigstem Handelspartner, der auch für den größten Touristenstrom sorgte. Und doch hielt sich die Liebe der Österreicher zu ihrem großen Nachbarn in Grenzen, wohl weil die Deutschen mit ihren Mercedes-Limousinen, VW-Käfern und D-Mark-gefüllten Brieftaschen hierzulande als überheblich und wenig charmant galten. »Piefke können sich nicht entspannen«, schreibt der (deutsche) Autor Hubertus Godeysen in dem Buch *Piefke, Kulturgeschichte einer Beschimpfung*, »weil sie ständig unter Leistungsdruck stehen und ihnen die österreichische Genussfähigkeit sowie die Begabung fehlt, mit wenig Arbeit ein gemütliches Leben zu führen. Die Piefke jedoch lieben Österreich und glauben wiedergeliebt zu werden.«

Genau das wurde in den 1990er-Jahren in Felix Mitterers Fernsehserie *Piefke-Saga* thematisiert, in der die Hassliebe zwischen deutschen Urlaubern und Einheimischen zum Vorschein kam. Heftige Proteste auf beiden Seiten waren die Folge.

Die beste Definition, die beiden Nationen betreffend, stammt von Karl Kraus: »Was Deutschland von Österreich trennt, ist die gemeinsame Sprache.« Tatsächlich wird das deutsche – vornehmlich preußische – Idiom als viel härter und weniger melodisch empfunden. Wörter wie »Tüte« und »Tunke« förderten im Lauf der Jahrhunderte wohl mehr Gegensätze als Gemeinsamkeiten zutage.

Eine weitere Definition kann hingegen widerlegt werden: »Was den österreichischen Humor vom deutschen unterscheidet, ist, dass es ihn gibt.« Zwar werden nicht wenige der in Deutschland bis heute beliebten Komödianten von Hans Moser bis Peter Alexander in Hamburg ebenso geliebt wie in Wien, Graz oder Linz. Allerdings können wir nicht behaupten, dass Loriot, Karl Valentin, Heinz Erhardt oder Hans-Joachim Kulenkampff weniger schmähbegabt gewesen wären.

Die Zeiten, in denen Ösis piefkefeindlich waren, sind vorbei. Umfragen ergeben, dass die Österreicher von den Deutschen eine gute Meinung haben. Das liegt wohl daran, dass Piefkes und Ösis einander heute auf Augenhöhe begegnen: Einerseits als Partner in der EU, aber auch, weil der Lebensstandard in beiden Ländern ähnlich hoch ist, mehr noch: Die Deutschen kommen nicht nur zum Schwimmen und Skifahren, sondern auch, um hier zu studieren und in dem kleinen Land, auf das sie einst gönnerhaft herunterschauten, Arbeit zu finden.

Bei aller Liebe: Zu den Sternstunden unserer wechselvollen Geschichte zählt immer noch jene von Córdoba. Als Hans Krankl bei der Fußball-WM 1978 drei Minuten vor Schluss das Tor zum 3 : 2 schoss und der Sportreporter Edi Finger im Siegestaumel mit ganz Österreich »narrisch« wurde.

Da waren die Deutschen wieder Piefkes.

Die Tänzerin und der König

Eine ungewöhnliche Lovestory

Bill Clinton und Monica Lewinsky. Prinz Charles und Camilla. Kaiser Franz Joseph und Katharina Schratt. All diese Liebschaften erscheinen geradezu spießig, vergleicht man sie mit der wohl pikantesten Affäre, die einem Staatsmann je widerfahren ist: Mit der Liebe des bayerischen Königs Ludwig I. zur erotisch-lasziven Tänzerin Lola Montez. Er war ihr mit Haut und Haaren verfallen, schenkte ihr ein Palais, machte sie zur Gräfin. Und musste ihretwegen abdanken.

Über die Absichten der Tänzerin bestand von Anfang an kein Zweifel: Lola Montez ließ sich, als man sie am Münchner Hoftheater als Tänzerin ablehnte, einen Termin beim König geben, der schöne Frauen prinzipiell in Audienz zu empfangen pflegte. Er fing sofort Feuer und soll mit einem Blick auf ihren Busen gefragt haben: »Ist das alles echt?«

Lola nahm eine Schere zur Hand, riss sich die Bluse vom Leib – und der König hatte seine Antwort.

Sie wurde seine Geliebte – und natürlich ans Hoftheater engagiert. »Wie ich doch an Dir gekettet bin«, schreibt der ihr hörige – und nebenbei natürlich verheiratete – Monarch an seine »über alles geliebte Lola«, die ihm wiederum versichert, »ohne Dich nicht leben zu können, also erwarte mich um halb sechs«.

Lola Montez – das war ein Leben in Skandalen. Zum ersten Mal hatte die 1821 in Irland geborene Schönheit in Paris Aufsehen erregt, als sie in einem Prozess einvernommen wurde, weil ihr damaliger Liebhaber im Duell gefallen war. Nach ihrer zweiten Heirat wurde

»Wie ich doch an Dir gekettet bin«: Bayernkönig Ludwig I. und Lola Montez

sie wegen Bigamie angeklagt, und nach dem Tod ihres dritten Mannes stand sie wegen Mordverdachts vor Gericht, wurde aber freigesprochen.

Wie ehrlich die Liebe der Montez zu dem um 35 Jahre älteren König Ludwig war, wissen wir nicht. Aber es steht fest, dass sie ihn nicht nur sexuell betreut, sondern auch anderwärtig gepflegt hat. Er war kränklich, seit seiner Kindheit schwerhörig und hatte Pockennarben im Gesicht.

Jedenfalls fiel es Lola leicht, den liebeshungrigen Monarchen um den Finger zu wickeln: Er schenkte ihr 100 000 Gulden, ein Palais, in dem er sie täglich zwischen 17 und 22 Uhr heimsuchte, und er änderte nur fünf Wochen nach dem Kennenlernen sein Testament zu ihren Gunsten.

Natürlich sprach sich die 1846 eingegangene Liaison schnell herum. Das Volk hasste die Tänzerin, die Zigarren rauchend und mit Hosen bekleidet durch München zog. Als die Regierung dagegen protestierte, dass ihr die bayerische Staatsbürgerschaft verliehen werden sollte, entließ der König die Regierung! Aber auch der Papst und Österreichs Staatskanzler Metternich, die Ludwig I. drängten, die Affäre zu beenden, konnten ihn nicht zur Aufgabe seiner Liebe bewegen.

Das schaffte die Montez nur selbst. Während sie ihre Briefe mit »In ewiger Treue, Deine Lola« unterzeichnete, hielt sie sich keineswegs an derlei Schwüre und beglückte in dem ihr geschenkten Palais – sobald Ludwig es verlassen hatte – Herren sonder Zahl.

Da sie als Mätresse des Königs immer wieder auf der Straße angepöbelt wurde, ließ sie sich unter den persönlichen Schutz der *Alemannia*-Studentenverbindung stellen. Und hatte gleich ein Verhältnis mit einem ihrer »Leibwächter«, dem Studenten Elias Peißner. Als der König davon erfuhr, trennte er sich von ihr.

Um, wie zu erwarten, bald »rückfällig« zu werden. Seine Familie, das Volk und die bayerische Regierung stellten sich jetzt massiv gegen ihn, sodass er Lola Montez des Landes verweisen musste. Sie flüchtete – und kehrte wieder zurück. Aber der Bogen war überspannt: Im März 1848 blieb dem König nichts anderes übrig, als zugunsten seines Sohnes Maximilian II. abzudanken.

Zwei Jahre später erpresste Lola ihren einstigen Galan. Sie bot Ludwig an, die ihn kompromittierenden Briefe gegen Geld zu retournieren. Er zahlte noch einmal – diesmal aber eine relativ geringe Summe. Der Thron war ohnehin verloren, sein Ruf ruiniert. Und Ludwig für den Rest seines Lebens ein gebrochener Mann.

Dass Teile der Korrespondenz des Königs und seiner Geliebten erst mehr als hundert Jahre nach der Liaison entdeckt wurden, liegt daran, dass Ludwig testamentarisch verfügt hatte, die Liebesbriefe fünfzig Jahre nach seinem Tod zu veröffentlichen. Als Beamte des Königlichen Staatsministeriums 1918 in die insgesamt 320 Briefe Einblick nahmen, waren sie so schockiert, dass eine weitere Sperre verhängt wurde. Erst in den 1970er-Jahren wurden die Briefe publiziert – aber nicht alle. Der Grund: Lola Montez hatte in einem französisch-englisch-russisch-spanischen Sprachen-Konglomerat geschrieben, das außer dem König kaum jemand verstand. Erst im Jahr 2006 nahm sich der Heidelberger Universitätsprofessor Frank Harslem – der all diese Sprachen beherrscht – der Korrespondenz an, um sie komplett zu übersetzen.

Lola Montez unternahm nach dem Ende der Beziehung mehrere Welttourneen. Sie starb 1861, nur 39 Jahre alt, in New York an einer Lungenentzündung.

König Ludwig I., der übrigens die Tradition des Oktoberfestes begründet hat, starb 1868 im Alter von 82 Jahren in Nizza.

In die Falle getappt
Hitlers falsche Tagebücher

N a endlich waren sie da. Hitlers Tagebücher. »Besuch bei meiner Leibstandarte«, notiert der »Führer« am 18. März 1933, »es sind prächtige Männer«. Der Diktator erklärt in den Aufzeichnungen auch seine Politik. Und wie sehr er unter seinem Mundgeruch leidet. Sowie Pikantes über die Liebe zu Eva Braun. 62 Bände hatte er in den zwölf Jahren seiner Schreckensherrschaft vollgeschrieben. Und jetzt lagen sie vor. Exklusiv. Dem Hamburger Magazin *Stern*.

Ganze zwei Wochen dauerte der redaktionelle Freudentaumel, in denen die Zeitschrift verlangte, dass »die Geschichte des Dritten Reichs neu geschrieben« werden müsse. Bis das deutsche Bundeskriminalamt den ganzen Stumpfsinn als plumpe Fälschung entlarvte. Aber wie konnte es zur größten journalistischen Pleite des 20. Jahrhunderts kommen?

Am Anfang stand die Yacht *Carin II*. Einst im Besitz von Hitlers Reichsmarschall Göring, wurde sie 1972 vom *Stern*-Reporter Gerd Heidemann erworben, der damit ein Riesengeschäft zu machen glaubte. Doch das rostige Schinakel erwies sich als unverkäuflich und stürzte den Journalisten ins finanzielle Chaos. Nicht genug damit, geriet er durch den Besitz der Yacht in einen dubiosen Kreis von Nazi-Memorabilien-Sammlern.

Einer hieß Konrad Kujau, war Altwarenhändler und nebstbei Handschriftenfälscher. Bald zeigte er dem Reporter nicht nur »die Pistole, mit der Hitler sich erschossen hat«, sondern – als absolutes Highlight seiner Sammlung – auch ein Tagebuch des »Führers«, garantiert echt und von diesem eigenhändig geschrieben. Und: Es gäbe mehrere davon!

Heidemann witterte die Story seines Lebens. Und das große Geld, mit dem er seine Schulden begleichen würde. Der Reporter wandte sich unter Umgehung der Chefredaktion an die Geschäftsführung des *Stern*, der er den Ankauf der Hitler-Tagebücher nahelegte. Kostenpunkt, alles in allem: 9,3 Millionen Mark, damals 65 Millionen Schilling. Auszuzahlen in bar. Ohne jeden Beleg.

Die *Stern*-Leute waren überwältigt. Auch weil den Tagebüchern ein »Echtheitszertifikat«, unterschrieben von Hitlers Mitstreiter Martin Bormann, beilag. Es folgte eine Überprüfung, die sich als Farce erweisen sollte: Zwei Experten verglichen die Tagebücher mit »Original-Schriftproben« Hitlers. Und erkannten nicht, dass auch diese »echte Kujaus« waren. Ebenso wie – eh klar – Bormanns »Echtheitszertifikat«.

Die von Kujau mit inhaltlicher Unterstützung durch etliche Historienwälzer über das Dritte Reich produzierten »Aufzeichnungen« des Massenmörders Hitler mochten auf den ersten Blick verblüffend echt wirken. Auf den zweiten waren sie dilettantisch:

- Das Papier der Tagebücher enthält optische Aufheller, wie sie erst seit 1955 verwendet werden.
- Die Handschrift des »Führers« floss aus vier verschiedenen Tinten, die erst nach dem Krieg erzeugt wurden.
- Nicht einmal die Initialen stimmten, zumal auf dem Einband einiger Tagebücher in goldenen Lettern »F. H.« stand. Statt »A. H.« wie es für Adolf Hitler richtig gewesen wäre.
- Dazu kam, dass Hitler an einer Schreibhemmung litt und kaum in der Lage war, viel mehr als seine Unterschrift zu leisten. Er

hätte nicht eine Zeile der 62 Tagebücher mit eigener Hand schreiben können.

- Niemandem war auch aufgefallen, dass es im März 1933, als Hitler von seiner »Leibstandarte« schwärmte, eine solche noch gar nicht gab.

- Lächerlich die Erklärung, woher die Tagebücher stammen würden: Konrad Kujau behauptete, sie wurden aus einem Flugzeug gerettet, das am 21. April 1945 auf dem Weg von Berlin nach Salzburg abgestürzt war. Den Absturz gab es zwar wirklich, doch war die JU-352-Maschine dermaßen ausgebrannt, dass aus ihr nicht ein Blatt Papier hätte geborgen werden können.

Je länger die Verhandlungen mit Kujau dauerten, desto mehr Tagebücher tauchten auf. Sollten es vorerst 27 sein, lieferte der Fälscher zu guter Letzt 62. Kein Wunder: Man hatte ein Honorar von bis zu 200 000 DM pro Stück vereinbart. Da war's nur allzu verständlich, dass weit mehr Bücher »entdeckt« wurden, als ursprünglich vereinbart.

Der *Stern* ging gerade mit Teil drei des »größten Knüllers seit Watergate« (© *Stern*) in Druck, als der Prüfbericht des Bundeskriminalamtes vorlag, der die Tagebücher als plumpe Fälschung entlarvte und die Zeitschrift an den Rand ihrer Existenz brachte.

Die Folgen waren fatal: Kujau und Heidemann wurden wegen Urkundenfälschung beziehungsweise Betrugs zu je viereinhalb Jahren Haft verurteilt. Kujau kopierte später für zahlungskräftige Kunden Meisterwerke der Malerei, ehe er im September 2000 an Krebs starb. Heidemann, der laut Gerichtsurteil die Hälfte der ihm von der *Stern*-Geschäftsführung anvertrauten 9,3 Millionen Mark in die eigene Tasche steckte (was dieser bestreitet), lebt hochbetagt in Hamburg.

Nach Auffliegen der Affäre traten Chefredaktion inklusive Herausgeber und *Stern*-Gründer Henri Nannen zurück. Es dauerte Jahre, bis sich das Magazin von den Auflagenrückgängen erholen und wieder zu seinem früheren Ansehen finden sollte.

Einzig erfreulicher Nebenaspekt der ganzen Fälscherei war die Filmsatire *Schtonk* mit Götz George, Uwe Ochsenknecht und Christiane Hörbiger. Die Herren Kujau und Heidemann hatten Regisseur Helmut Dietl mit ihrem »Coup« eine Drehvorlage geliefert, die für eine Oscar-Nominierung reichte.

Letzte Ruhe

»Mehr Licht«
Letzte (und vorletzte) Worte

Seien sie im Delirium dahingesagt oder mit der vollen Kraft eines großen Geistes: Letzte Worte faszinieren, weil sie eine Situation wiedergeben, in die jeder von uns dereinst kommen wird. Früher oder später.

Ehe Oscar Wilde im Pariser Luxushotel d'Alsace verschied, sagte er: »Ich sterbe, wie ich gelebt habe – über meine Verhältnisse!« Und als Henrik Ibsens Krankenschwester einem Besucher zuflüsterte, es ginge dem Patienten »schon etwas besser«, erwiderte der Dichter: »Im Gegenteil.« Und starb.

Die letzten Worte eines Staatsmannes sind meist weniger originell, können aber Zeugnis über seine Weltanschauung ablegen. Wenn etwa Österreichs erzkonservativer Kaiser Franz seinem Nachfolger Ferdinand am Sterbebett zurief: »Verrücke nichts an den Grundlagen des Staatsgebäudes!«, so war dies ein klares Vermächtnis. Simpler zwar, aber nicht minder charakteristisch, was der pflichtbewusste Kaiser Franz Joseph am Abend des 21. November 1916 zu guter Letzt noch seinem Kammerdiener Ketterl befahl: »Ich bin mit der Arbeit nicht fertig geworden, morgen um halb vier Uhr wecken wie immer!«

In Napoleons letzter Stunde spielte die Politik keine Rolle mehr.

Er starb, den Namen seiner geliebten ersten Frau auf den Lippen: »Joséphine!« Und diese, so wird überliefert, versank in Bewusstlosigkeit, nachdem sie einmal noch »Napoléon!« gehaucht hatte.

Dramatisch die letzten Worte prominenter Attentatsopfer. Der Tod kommt so unerwartet, dass sie den Ernst des Augenblicks meist gar nicht erfassen. Erzherzog Franz Ferdinand stöhnte: »Es ist gar nichts«, ehe er den Schüssen von Sarajevo erlag. Als Kaiserin Elisabeth am 10. September 1898, von der Feile ihres Mörders Luigi Lucheni getroffen, am Kai des Genfer Sees tödlich verletzt zu Boden sank, fragte sie: »Was ist denn mit mir geschehen?« Noch bevor ihre Begleiterin antworten konnte, fiel Elisabeth in eine Ohnmacht, aus der sie nicht mehr erwachte.

Legendär der Ausspruch Julius Caesars, der seinem Verschwörer und ehemaligen Freund noch ungläubig den Satz »Auch du, mein Sohn Brutus!« ins Gesicht schmetterte.

Bei Politikern gehört's ja fast zum guten Ton, der Nachwelt letzte Worte zu hinterlassen. Von einer Revolverkugel getroffen, bat der mexikanische Revolutionär Pancho Villa 1923 einen Journalisten, ihn nicht so von dieser Welt gehen zu lassen: »Schreiben Sie, dass ich etwas gesagt hätte!«

Zu einem christlichen Leitsatz wurden die letzten Worte des Jesus von Nazareth: »Mein Gott, mein Gott, warum hast du mich verlassen?«

Oft zitiert wird der Ausspruch des griechischen Mathematikers Archimedes: »Störe meine Kreise nicht.«

So traurig der Anlass ist, mitunter kann man auch lächeln über die lapidaren Sorgen, die manch einer hatte, bevor er verschied. »Monsieur, entschuldigen Sie bitte!« soll Marie Antoinette zu ihrem Scharfrichter gesagt haben, dem sie versehentlich auf den Fuß getreten war. Der Hotelmagnat Conrad Hilton rief einem Mitarbeiter als Generalanweisung für alle Zeiten schnell noch »Lasst den Duschvorhang im Inneren der Wanne hängen« zu. Und als man die englische Schriftstellerin Edith Sitwell fragte, wie es ihr ginge, antwortete sie: »Es geht zu Ende, aber sonst ganz gut!« Egon Friedell rief den Passanten vor seinem Wohnhaus in der Wiener Gentzgasse am 16. März 1938 schnell noch ein warnendes »Vorsicht, bitte!« zu, ehe er sich aus einem Fenster in die Tiefe stürzte. Zwei Dichter flehten um ein schnelles Ende. »Töten Sie mich, sonst sind Sie ein Mörder«, sagte Franz Kafka zu seinem Arzt Robert Klopstock, der ihm Morphium versprochen hatte. Und Edgar Allan Poe meinte: »Mein bester Freund wäre, der eine Pistole nähme und eine Kugel in dieses verfluchte, elende Gehirn jagte.«

Letzte Worte bedeutender Dichter werden oft zu geflügelten. Was mag Johann Wolfgang von Goethe gemeint haben, als er sterbend »Mehr Licht!« forderte? Der Bericht seines Dieners Friedrich Krause, er hätte ihm zugerufen »Mach den Fensterladen auf, damit mehr Licht hereinkomme«, erscheint den Goethe-Forschern zu banal. Eher vermuten sie, der Dichterfürst wollte ausdrücken, dass er sich einem Ziel näherte, das heller sei als alles auf Erden. Nicht ganz seriös Version Nummer drei: Goethe hätte im Frankfurter Dialekt den Komfort seines Sterbelagers bemängelt: »Mer liecht so unbequem!«

Über die Lippen des sterbenden Mozart drangen keine Worte, er zeigte vielmehr, wie die Pauken in seinem Requiem – das er auf dem Totenbett komponiert hatte – einzusetzen wären. Ludwig van Beethoven werden die Worte »Im Himmel werde ich hören!« in den Mund gelegt. Gustav Mahlers Sorge, als er seinen letzten Atemzug tat: »Wer wird sich jetzt um Schönberg kümmern?«

Die Ansicht, dass große Männer an ihrem Sterbelager prinzipiell »eine Bilanz ihrer Existenz ziehen«, wird durch die schlichten Worte Richard Wagners, der zuletzt nach seiner Uhr, und Thomas Manns, der nach der Brille fragte, entkräftet.

Sehr oft ist es natürlich problematisch, die wahren letzten Worte herauszufinden. Picasso soll gemeint haben: »Die Malerei muss erst erfunden werden.« Andererseits hätte er von seinen Angehörigen, um Luft kämpfend, gefordert: »Trinkt auf meine Gesundheit, ich kann nicht mehr trinken.«

Um derlei Unklarheiten zu vermeiden, verfasste der große Spötter Mark Twain Tipps für letzte Worte: »Ein Mann, der etwas auf sich hält, sollte sie beizeiten auf einen Zettel schreiben und dazu die Meinung seiner Freunde einholen. Er sollte sich damit keinesfalls erst in der letzten Stunde seines Lebens befassen und darauf vertrauen, dass eine geistvolle Eingebung ihn just dann in die Lage versetzt, etwas Brillantes von sich zu geben. Nein, in einem solchen Augenblick ist man vermutlich sowohl körperlich wie geistig zu ausgelaugt und müde, um zuverlässig zu funktionieren; vielleicht fällt einem das eine rettende Wort, das man unbedingt sagen wollte, partout nicht ein ... Ich würde mir wirklich wünschen, unsere großen Männer würden aufhören, in der letzten Stunde ihres Sterbens diese Banalitäten zu sagen. Sammeln wir lieber vorsorglich ihre vorletzten Worte.«

Ruhe in Unfrieden

Wie »prominente Leichen« gestohlen wurden

Die Worte »Ruhe in Frieden« werden Verstorbenen oft auf ihrem letzten Weg mitgegeben und in Grabsteine gemeißelt. Doch nicht immer ist von Ruhe die Rede, da es zuweilen vorkommt, dass – meist prominente – Grabstätten bei Nacht und Nebel geöffnet und die sterblichen Überreste gestohlen werden. Manchmal, um von Hinterbliebenen Geld zu erpressen, in anderen Fällen, um die Gehirne genialer Menschen zu untersuchen.

Joseph Haydn wurde nach seinem Tod am 31. Mai 1809 am Hundsturmer Friedhof in Wien-Meidling beerdigt. Kurz darauf wurde der Schädel des Komponisten aus der Gruft gestohlen – wie man heute weiß im Auftrag von Joseph Rosenbaum, dem Sekretär des Fürsten Esterházy. Rosenbaum wollte anhand der Kopfform eine Erklärung für das Genie Haydn finden. Entdeckt wurde der Diebstahl erst nach elf Jahren, als Haydns sterbliche Überreste exhumiert und in eine Marmorgruft nach Eisenstadt überführt wurden. Rosenbaum vermachte den Schädel später der Gesellschaft der Musikfreunde, die diesen erst 1954 zur feierlichen Beisetzung in Haydns Eisenstädter Grab und damit zur Vereinigung mit den restlichen Gebeinen des Komponisten freigab.

Zahllose Forscher wollten Beethovens Taubheit ergründen. Und tatsächlich ergab sich 36 Jahre nach seinem Tod die Möglichkeit dazu. Denn als das Skelett des Musikgenies 1863 aus seinem Grab am Währinger Friedhof exhumiert wurde, nützte der anwesende Arzt Franz Romeo Seligmann die Gelegenheit, um Fragmente von Beethovens Schädelknochen widerrechtlich an sich zu nehmen.

Joseph Haydns Schädel vor der
feierlichen Beisetzung im linken
Seitentrakt der Eisenstädter
Bergkirche 1954

Diese wurden in einer Blechbüchse über mehrere Generationen in der Familie Seligmann aufbewahrt.

Bis 1972 der Pathologe Hans Bankl daranging, den verschwundenen Schädelteilen Beethovens auf die Spur zu kommen. Es gelang ihm, Seligmanns Nachfahren auszuforschen, die ihm die Knochen für anatomische Untersuchungen zur Verfügung stellten. Das Ergebnis revolutionierte die Beethoven-Forschung: Bankl fand heraus, dass der Ursprung der Taubheit nicht, wie bis dahin angenommen, das Knochenleiden Morbus Paget war, sondern eine Otosklerose, eine frühzeitige Verknöcherung des Hörorgans. Die illegale Entwendung hatte ein sensationelles Forschungsergebnis ermöglicht. Heute sind die sterblichen Überreste Beethovens in einem Ehrengrab am Wiener Zentralfriedhof bestattet.

Albert Einstein hasste zu Lebzeiten den Kult um seine Person, weswegen er verfügte, dass sein Körper verbrannt würde, was nach seinem Tod 1955 auch geschah. Allerdings nahm der obduzierende Arzt Thomas Harvey von der Universitätsklinik in Princeton heimlich das Gehirn an sich, um das Besondere am Genie studieren zu können. Es dauerte mehr als vier Jahrzehnte, ehe die Forensik in der Lage war, den Grund für Einsteins IQ zu finden. Solange wurde der Schädel in einem mit Formaldehyd gefüllten Einsiedeglas konserviert. 1999 konnte die Hirnforscherin Sandra Witelson anhand der gestohlenen Teile feststellen, dass Einsteins Hirnlappen um fünfzehn Prozent breiter waren als andere und dass der Aufbau seines Gehirns eine besondere Vernetzung für visuelle und mathematische Verarbeitungsprozesse hatte. Sein Gehirn befindet sich heute noch in der Universität Princeton.

Charlie Chaplin starb 1977 im Alter von 88 Jahren im Schweizer Ort Corsier-sur-Vevey, auf dessen Friedhof er beigesetzt wurde. Am 2. März 1978 ging die Meldung um die Welt, dass sein Leichnam aus dem Grab gestohlen wurde. Bald meldeten sich die Entführer bei Witwe Oona und forderten 600 000 Schweizer Franken für die Rückgabe ihres toten Mannes.

Es kam zu einer von der Polizei inszenierten Geldübergabe, »die so komisch war«, erinnerte sich Chaplins Tochter Geraldine, »dass man annehmen hätte können, sie stammte aus einem Chaplin-Film«.

Die Täter, zwei Automechaniker, wurden festgenommen und führten die Ermittler zu einem nahen Maisfeld, in dem sie den einstigen »Tramp« versteckt hatten. Drei Monate nach der Entführung wurde Sir Charles' Leichnam wieder beigesetzt. Sein Grab ist seither durch eine meterdicke Betonschicht gesichert.

In die Aufklärung des Diebstahls der Gebeine Mary Vetseras war ich selbst involviert: Ein Linzer Möbelhändler hatte mich 1992 verständigt, dass die sterblichen Überreste der Geliebten des Kronprinzen Rudolf aus ihrem Grab in Heiligenkreuz bei Wien geplündert worden seien. Als ich nach eingehenden Recherchen zu dem Schluss gelangte, dass das Grab der Vetsera tatsächlich leer war, zeigte ich meinen Verdacht bei der Polizei an. Aufgrund meiner Anzeige wurde das Grab sofort geöffnet – und die tote Baronesse war tatsächlich nicht da.

Im Verlauf der Ermittlungen fand die Polizei heraus, dass der Möbelhändler selbst Anstifter der Graböffnung gewesen war. Er hatte, noch ehe er mich informierte, Vetseras Skelett von Gerichtsmedizinern untersuchen lassen, die herausfanden, dass Mary in Mayerling durch einen Kopfschuss getötet worden war. Einem im Jahr 2015 aufgetauchten Abschiedsbrief der Baronesse ist unzweifelhaft zu entnehmen, dass sie – mit ihrem Einverständnis – vom Kronprinzen erschossen wurde.

Marys Gebeine wurden wieder in Heiligenkreuz beigesetzt. Für den (mittlerweile verstorbenen) Möbelhändler hatte die Aktion keinerlei Konsequenzen: Er entging einem Verfahren wegen Störung der Totenruhe, da die Tat bereits verjährt war.

Im Jahr 2008 wurde das Grab des Industriellen Friedrich Karl Flick in Velden am Wörthersee geschändet und der Leichnam gestohlen. Die Spur führte nach Ungarn, wo ein Anwalt als Drahtzieher verhaftet wurde. Er und Komplizen hatten von Flicks Witwe sechs Millionen Euro zu erpressen versucht. Der Leichnam befindet sich heute wieder im Mausoleum der Familie Flick in Velden.

Von Haydn über Beethoven bis Chaplin und Flick: »Ruhe in Frieden« schaut anders aus.

Habsburgs letzte Ruhestätte
Die Kapuzinergruft

Die Existenz dieser weltweit einzigartigen Begräbnisstätte entspricht durchaus der Sehnsucht des Wieners nach einer »schönen Leich«. Dass die Kaisergruft, wie sie eigentlich heißt, nach der Beisetzung Otto von Habsburgs und seiner Frau Regina die sterblichen Überreste von 150 Personen beherbergt, grenzt an ein Wunder. Denn die am Neuen Markt gelegene Gruft war ursprünglich für ganze zwei (!) Särge vorgesehen: für die des Kaisers Matthias und seiner Frau Anna. Aus diesem Plan, der zu Beginn des 17. Jahrhunderts entstand, wurde die Begräbnisstätte von zwölf Kaisern, sechzehn Kaiserinnen und mehr als hundert weiteren Mitgliedern des Erzhauses, darunter 42 Kinder.

Am Anfang standen zwölf Kapuzinermönche, die im Jahr 1599 zu Fuß von Rom nach Prag pilgerten und in Wien zu einer kurzen Rast einkehren wollten. Als sie erfuhren, dass in Böhmen die Pest ausgebrochen war, beschlossen sie, in Wien zu bleiben. Und aus der kurzen Rast sind bisher mehr als vierhundert Jahre geworden.

Die fromme Kaiserin Anna stiftete den Kapuzinern ein Kloster mit kleiner Krypta, »allwo mein Gemahl und ich liegen wollen«. Die Patres waren als Hüter der kaiserlichen Ruhestätte ausersehen.

Als Anna im Alter von 33 Jahren starb, war die Gruft noch nicht fertig, weshalb ihr Leichnam – wie drei Monate später auch der ihres Mannes – vorerst im nahen Dorotheerkloster beigesetzt wurde. Nach der Fertigstellung der Kapuzinerkirche und des darunterliegenden Kellergewölbes konnten die beiden Särge 1633 überführt werden. Und damit sollte die Gruft auch schon vollendet sein, denn mehr als zwei Gräber waren auf so engem Raum nicht denkbar.

Doch dann führte das Schicksal Regie: Im Umfeld von Kaiser Ferdinand III. wurde eine Serie plötzlicher Todesfälle beklagt, als seine beiden Söhne Philipp und Maximilian innerhalb einer Woche starben. Für ihre kleinen Särge war bei den Kapuzinern gerade noch Platz, aber bald lag auch Ferdinands Frau Maria Anna im Sterben und bat darum, bei ihren Kindern die letzte Ruhe zu finden. Als dann auch der Kaiser verfügte, bei Frau und Kindern beigesetzt zu werden, erwies sich das winzige Refugium als viel zu klein, weshalb 1657 mehrere Sarkophage übereinandergeschlichtet werden mussten.

Zwar war's nun bereits Habsburger-Tradition, sich bei den Kapuzinern bestatten zu lassen, aber niemand wusste, wohin mit den Särgen. Also wurde die Gruft im Lauf der Jahrhunderte – zuletzt 1960 – acht Mal um- und ausgebaut, wobei jedes Mal weitere Keller der angrenzenden Grundstücke dazuerworben wurden.

Durchquert man die zehn Gruft-Abteile, ist man geneigt, ein altes Sprichwort abzuwandeln: Zeige mir, wie sie begraben sind und ich sage dir, wie sie gelebt haben. So ist Maria Theresias drei Meter hoher und reich verzierter Barock-Sarkophag der prächtigste von allen, während der davorstehende Kupfersarg ihres auch zu Lebzeiten eher bescheidenen Sohnes Joseph II. ganz schlicht ist.

Drei prominente Habsburger fehlen in der Kaisergruft: Der in Sarajevo ermordete Thronfolger Franz Ferdinand wollte an der Seite seiner Frau begraben sein, der man aber, da sie »nicht ebenbürtig« war, die letzte Ruhe bei den Kapuzinern verwehrte. Daher ist das Ehepaar im niederösterreichischen Schloss Artstetten beigesetzt.

Kaiser Karl wiederum wurde in Madeira begraben, wobei man immer noch spekuliert, ob er nicht doch eines Tages zu den Kapuzinern gebracht wird. Nach einer möglichen Beisetzung Karls wäre die Kaisergruft aber wirklich voll. Die Kapuziner haben »einfach keinen Platz mehr« für die künftigen Generationen der Familie.

Geliebt auch im Tode
Die Ehrengräber am Wiener Zentralfriedhof

In Wien musst' erst sterben«, sagte Helmut Qualtinger, »damit s' dich hochleben lassen, aber dann lebst lang.« So gesehen ist's nur logisch, dass das Ehrengrab der Kabarettlegende auch nach Jahrzehnten noch zu den meistbesuchten Grabstätten Wiens zählt. Ein Spaziergang über den Zentralfriedhof zeigt, dass die Lieblinge von einst nicht vergessen sind und von vielen Menschen besucht werden.

Der Wiener Zentralfriedhof – eine der größten Begräbnisstätten der Welt. Drei Millionen Menschen ruhen hier, und der Tod ist so ungerecht wie das Leben. In der Gruppe VI/Reihe 2 liegt ein Mädchen, das mit zwölf Jahren starb, schräg gegenüber ein Mann, der 97 Jahre alt wurde; da ein schlichtes Holzkreuz, dort eine Marmorgruft.

Die in den Ehrengräbern, das sind die Unvergessenen. Die Stadt Wien hat ihnen ein großes Areal beim zweiten Tor reserviert, um den Besuch des 1874 eröffneten Friedhofs für die Bevölkerung attraktiv zu machen. Und das ist gelungen, denn die fast vierhundert Ehrengräber locken Jahr für Jahr Tausende Besucher an. Wäh-

Eine der »Attraktionen«
am Wiener Zentralfriedhof:
das Ehrengrab von Curd Jürgens

rend sich die Wiener für Schauspieler und Politiker interessieren, drängt es die Gäste – ob aus China, Japan oder den USA – zu den Komponisten.

Die Touristen verlangen nach Beethoven, Schubert und Brahms, die Wiener wollen zu Qualtinger, Moser, Theo Lingen, Udo und Curd Jürgens. Und die Jungen fragen alle nach Falco. Eigene Führungen erinnern an das Leben der Unsterblichen.

Die Ruhestätten der Legenden liegen meist so dicht beieinander, als stünde der nächste gemeinsame Auftritt unmittelbar bevor. Die Inge Konradi, der Paul Hörbiger und »da schau her, der Maxi Böhm«, ruft eine ältere Dame ihrem Mann zu, der sogleich herbeieilt. Fritz Muliar kam später in einem neu angelegten etwas versteckten Seitenweg hinzu.

Gleich ums Eck – in »großer Koalition« um die Gruft der verstorbenen Bundespräsidenten gruppiert – ruhen in schöner Eintracht

169

der »rote« Bruno Kreisky und der »schwarze« Julius Raab, ganz nahe bei ihren Weggefährten Anton Benya, Rudolf Sallinger und Helmut Zilk, dessen Grabstein der Bildhauer Hans Muhr geschaffen hat.

Die Besucher der Ehrengräber wollen Geschichten hören. Da geht's weniger um die Werke der Verblichenen, als darum, »dass der Strauss-Schani sehr eitel war und bis zuletzt seinen Schnurrbart schwarz färbte« oder »dass er sieben Mal verlobt und drei Mal verheiratet war«. Die Fremdenführerin verrät auch, dass Schubert ursprünglich in Währing lag, später aber exhumiert wurde und heute am Zentralfriedhof beerdigt ist. Und dass viele Besucher fälschlich glauben, Mozart sei am Zentralfriedhof, doch er wurde in St. Marx begraben. Tatsächlich am »Zentral« ist sein Gegenspieler Salieri, »das finden die Teilnehmer der Führungen spannend«.

Bei den Komponisten treffen wir einen Wiener, der gerade dabei ist, seine Frau in die Geheimnisse der Ehrengräber einzuweihen. Sie ist gebürtige Dänin und interessiert sich dennoch für die Grabstätten der großen Österreicher. Die Ehefrau ist stolz, eben die Ruhestätte ihres Landsmannes, des Ringstraßen-Architekten Theophil Hansen, entdeckt zu haben. Für sie sind die Ehrengräber »eine Attraktion, wie wir sie in Dänemark nicht kennen«.

Große Friedhofsflächen, die den Unsterblichen gewidmet sind, finden sich auch in Berlin und Paris, und die Hollywoodstars von Marilyn Monroe bis Jack Lemmon sind auf dem Pierce Brothers Memorial in Beverly Hills versammelt – neben ihrem Meisterregisseur Billy Wilder, der in seinen Grabstein die legendären Schlussworte aus *Manche mögen's heiß* meißeln ließ: »Nobody's perfect.«

Die Führungen am Wiener Zentralfriedhof beginnen im jüdischen Teil, wo Arthur Schnitzler, Friedrich Torberg, Gerhard Bronner und der Neurologe Viktor Frankl vereint sind. Einzelne Ehrengräber finden sich auf anderen Friedhöfen, wie das des Ehepaares Paula Wessely/Attila Hörbiger in Grinzing, das des Philosophen Sir Karl Popper in Lainz und das von Heinz Conrads in Hietzing. Witwe Erika Conrads ist »gerührt, dass nach so vielen Jahren immer noch Leute kommen, die Blumen, Kerzen und Laternen auf sein Grab stellen«.

Vergeblich fragen Touristen hingegen immer wieder nach den Gräbern von Sigmund Freud (er ruht in London), Herbert von Karajan (Salzburg-Anif) und Romy Schneider (Boissy bei Paris).

Erst wann's aus wird sein singt man freilich nur in Wien, wo eine ganz eigene Beziehung zum Tod herrscht. Touristen wollen alles um die Bewandtnis der »schönen Leich« wissen. Deren Ursprünge reichen zurück bis ins Mittelalter, als die Friedhöfe noch mitten in der Stadt lagen, wodurch die Wiener ständig mit dem Tod konfrontiert wurden. Ein weiterer Grund ist die zu Schwermut neigende slawische Seele vieler Wiener.

Die Lieblinge von einst sind nicht nur am Zentralfriedhof vereint, sondern auch im Wienerlied von Toni Strobl:

Vielleicht gibt's im Himmel a Wiener Café,
Vielleicht rennt dort oben a himmlischer Schmäh.
Der Grünbaum, der schreibt mit'n Farkas an Sketch,
Der Sindelar spricht mit'n Sesta von an Match.
Beim Mokka erzählt noch der Armin Berg Witz',
Die reißen den Sima und Imhoff vom Sitz.
Der Moser, der nuschelt und sorgt für Gaude.
Vielleicht gibt's im Himmel a Wiener Café.«

Tja, wer weiß.

Ein Friedhof im Zentrum von Wien
Die Toten vom Philipphof

Im Herzen von Wien, zwischen Albertina und Staatsoper, befindet sich ein Friedhof. Ein Friedhof freilich ohne Grabsteine, Blumen und Kerzen. Und doch liegen hier die Leichen Hunderter Menschen unter der Erde. Nur wenige kennen die makabre Geschichte des kleinen Parks an der Albrechtsrampe.

Wien I., Augustinerstraße 8, war einmal eine der elegantesten Adressen der Innenstadt. Film-, Theater- und Opernstars gingen hier ebenso ein und aus wie die Vertreter der Hocharistokratie. Kein Wunder, im Mezzanin des feudalen Philipphofes befand sich der Jockey-Club, im ersten Stock hatte Österreichs berühmtester Filmregisseur Willi Forst sein Produktionsbüro, und daran anschließend waren etliche Künstlergarderoben der gegenüberliegenden Oper untergebracht. Was in den letzten Jahren der Monarchie, in der Ersten Republik und während des Zweiten Weltkrieges Rang und Namen hatte, verkehrte in diesem imposanten Gebäude. Bis zu seiner völligen Zerstörung gehörte das Palais zum Privatbesitz der ehemals kaiserlichen Familie Habsburg-Lothringen.

Am 12. März 1945 näherte sich, aus Süditalien kommend, ein amerikanisches Bombengeschwader der Wiener Oper. Mehr als dreihundert Menschen befanden sich in den Mittagsstunden dieses Tages im geräumigen Luftschutzkeller des benachbarten Philipphofes. Nur 36 überlebten.

Eine der Überlebenden war Margarethe Seidemann, damals 33 Jahre alt. Sie besaß im Erdgeschoß des Hauses ein elegantes Modegeschäft. Ihr Mann Rudolf Seidemann erinnerte sich: »Meine

Eine der elegantesten Adressen der Wiener Innenstadt: der Philipphof mit Kuppel (rechts von der Albertina) um 1930

Frau erzählte oft von dem Bombenangriff. Sie lief mit ihren beiden Verkäuferinnen in den Keller, nachdem die Sirenen Vollalarm gegeben hatten. Wenige Minuten danach wurde das Haus von sieben Bomben getroffen.«

Unbeschreibliches Chaos herrschte. Das vierstöckige Bauwerk aus der Gründerzeit stürzte wie ein Kartenhaus zusammen. Nur die wenigen Menschen, die sich im vorderen Kellertrakt aufhielten, kamen mit dem Leben davon. An der Rückseite waren drei Bomben so unglücklich detoniert, dass sämtliche Wasserrohre platzten. Verzweifelte Menschen, die in den Kellern Zuflucht gesucht hatten, ertranken auf schrecklichste Weise. Unter den Toten befanden sich auch die meisten Mitarbeiter des Produktionsbüros von Willi Forst.

»Einem Wunder«, wie er es selbst ausdrückte, verdankte Wiens späterer Modezar Fred Adlmüller sein Leben. Er wohnte nahe der Oper, und da er mit Willi Forst befreundet war, flüchtete er in den Keller des Philipphofes. »Nach einiger Zeit verließ ich das Haus, um auf der anderen Straßenseite, unterhalb der Augustinerrampe, Schutz zu suchen. Minuten später schlugen die Bomben im Philipphof ein.« Adlmüller konnte diese unglaubliche Situation nur mit »einer gefühlsmäßigen Vorahnung« erklären. Willi Forst verdankte sein Überleben dem Umstand, dass er am Tag des Bombenangriffs in Schönbrunn den Film *Wiener Mädeln* drehte.

Die beiden Untergeschoße des Philipphofes galten als »sicherster Luftschutzkeller von Wien«. Erst als das Inferno vorbei war, stellte sich heraus, dass die Kellerräume keineswegs den Sicherheitsvorschriften entsprochen hatten. Denn weite Teile des Bunkers befanden sich ungeschützt unterhalb des frei liegenden Lichthofs.

Anna Lienerbrünn, die Besitzerin des nahe gelegenen Theaterkartenbüros an der Augustinerkirche, erinnerte sich: »Tagelang habe ich gemeinsam mit meinem späteren Mann Dutzende Leichen aus den Trümmern des völlig zerstörten Philipphofes gegraben, denn seine erste Frau hatte in dem Haus ein Geschäftslokal. Wir fanden nur noch ihren leblosen Körper.«

Der Philipphof war im Jahr 1883 an der Stelle des ehemaligen alten Bürgerspitals im Auftrag des Bankiers Philipp Zierer – dem das Haus seinen Namen verdankte – errichtet worden und ging später in das Eigentum der kaiserlichen Familie über. Bald übersiedelte der elegante Jockey-Club, der sich zuvor im Grand Hotel befunden hatte, in das palaisartige Gebäude. Ein ganzes Stockwerk, bestehend aus siebzehn großen und vier kleinen Salons, war Wiens Aristokratie, die sich hier zum Kartenspiel traf, vorbehalten. Gespielt

wurde alles – und solange die Monarchie bestand, drückte die
k. u. k. Polizeidirektion die Augen zu. Legendär ist eine Pokerpartie
des Grafen Potocki gegen den Herrn von Szemere, bei der der Graf
in einer Nacht im Jockey-Club nicht weniger als anderthalb Millionen Gulden verlor.

Die Ruine des ehemaligen Philipphofes wurde am 24. Oktober 1947 gesprengt, das Haus nicht wieder aufgebaut. Auf dem
Grundstück befindet sich eine Grünfläche, auf der das Mahnmal
gegen Krieg und Faschismus von Alfred Hrdlicka steht.

Rund zweihundert Menschen sind heute noch dort begraben.

ZEITZEUGEN

»Was hätte mein Vater denn anderes tun sollen?«
Der Sohn des letzten Kanzlers der Ersten Republik

Er war der Kronzeuge des Untergangs. Kurt Schuschnigg war der Sohn des letzten Kanzlers der Ersten Republik. Jenes Kanzlers, der mit den legendären Worten »Gott schütze Österreich« erklärte, dass seine Regierung »der Gewalt weichen« würde. Schuschnigg, der in den USA lebte, erinnerte sich im Gespräch mit mir an die bangen Stunden an der Seite seines Vaters. Und er verteidigte dessen Politik in den Märztagen des Jahres 1938.

»Ja, was hätte er denn anderes tun sollen?«, meinte Kurt Schuschnigg. »Es wäre doch reiner Selbstmord gewesen, das Bundesheer gegen Hitlers Truppen aufmarschieren zu lassen. Und es wäre aussichtslos gewesen. Wenn uns nur ein einziges Land beigestanden wäre, hätte die Sache anders ausgesehen. Aber Österreich stand ganz alleine da.«

Kurt von Schuschnigg – er war sowohl österreichischer als auch Staatsbürger der USA, wo sein Name samt Adelstitel registriert wurde – glaubte fest daran, dass sein Vater in der Schicksalsstunde Österreichs richtig gehandelt hatte. 1926 in Innsbruck zur Welt gekommen, übersiedelte er sechsjährig nach Wien, als sein Vater Justizminister wurde. Schuschnigg jun. erlebte zunächst eine wohlbehütete Kindheit im Augartenpalais, am Stubenring und im Bel-

»Das war, wenn man so will, sein Fehler«: Kurt Schuschnigg jun. über seinen Vater

vedere, wo seinem Vater als Regierungsmitglied repräsentative Wohnungen zur Verfügung standen. Kurt wurde von seiner Mutter, einem Kindermädchen und einer Köchin umsorgt, bekam in dieser Zeit aber seinen viel beschäftigten Vater nur wenig zu sehen.

Nach der Ermordung von Kanzler Dollfuß am 25. Juli 1934 wurde Schuschnigg mit 36 Jahren als bis dahin jüngster Regierungschef angelobt. »Was jetzt kam, hat mein Vater als größten Fehler seines Lebens bezeichnet. Er hätte nach Dollfuß' Tod sofort eine Volksabstimmung ansetzen sollen, mit der Frage, ob Österreich ein freier, selbstständiger Staat bleiben solle. Diese Abstimmung wäre mit absoluter Sicherheit für Österreich ausgegangen. Das war, wenn man so will, sein Fehler.«

Am 13. Juli 1935 traf die Familie Schuschnigg ein schwerer Schicksalsschlag. Der Bundeskanzler war mit seiner Familie in den Som-

179

merurlaub nach St. Gilgen unterwegs, als der Wagen bei Linz von der Fahrbahn abkam. »Ich saß mit meinen Eltern im Auto, plötzlich prallten wir mit hoher Geschwindigkeit gegen einen Baum.« Während die anderen Insassen mit Verletzungen davonkamen, war Herma Schuschnigg, die 35-jährige Frau des Kanzlers, sofort tot. Der neunjährige Kurt hatte seine Mutter verloren.

Die Polizei hegte, genau ein Jahr nach dem Dollfuß-Mord, den Verdacht, dass der Unfall die Folge eines Attentats war. »Unser Fahrer war ein absolut zuverlässiger Mann. Er saß am Abend vor dem Unglück in seinem Stammgasthaus, trank ein Glas Bier und schlief dann an seinem Tisch ein. Das Bier wurde ihm laut Aussage des Wirten von einem Fremden spendiert. Die Annahme, dass sich jemand an seinem Bier zu schaffen gemacht hatte, liegt nahe.«

Der Fahrer holte die Familie Schuschnigg am nächsten Morgen in völlig übermüdetem Zustand ab und wurde auf der Fahrt ins Salzkammergut vom Sekundenschlaf überrascht. »Alles wurde untersucht, man konnte es nicht beweisen, aber wenn Sie mich nach meinem Gefühl fragen, dann war es ein Attentat«, meinte der Sohn des Kanzlers.

Am 12. Februar 1938 wurde Schuschnigg von Hitler auf den Obersalzberg bei Berchtesgaden zitiert. Der »Führer« befahl, dass der Kanzler den Nationalsozialisten Arthur Seyß-Inquart als Innenminister in sein Kabinett holen und das Verbot der NSDAP aufheben müsse. »Das Treffen mit Hitler«, sagte Schuschnigg, »war der schlimmste Tag seines Lebens. Mein Vater ist nie so gedemütigt worden wie damals. Hitler hat ihn angebrüllt wie einen Schulbuben. Es war nicht zum Aushalten für ihn.«

Schuschnigg gab in allen wesentlichen Punkten nach, setzte aber für den 13. März eine Volksbefragung über die Unabhängigkeit

»Hitler hat ihn angebrüllt wie einen Schulbuben«: Bundeskanzler Kurt Schuschnigg

Österreichs an. Sie war wohl der Grund, dass Hitler den Befehl zum Einmarsch gab.

Mit der Auslöschung Österreichs hatte der elfjährige Kurt nach der Mutter auch seinen Vater verloren, der in Wiens Gestapo-Gefängnis gesperrt wurde. Der Sohn des Bundeskanzlers war plötzlich zum Kind des »Staatsfeindes« und »Verräters Schuschnigg« geworden, als der er von den Nationalsozialisten bezeichnet wurde. Kurt musste das Gymnasium verlassen, verlor seine Freunde, darunter den jüdischen Mitschüler Peter Mayer, der mit seinen Eltern aus Österreich flüchtete. Als Kurts Kindermädchen die Mutter eines Buben anrief, mit dem er immer im Belvederepark gespielt hatte, erklärte die, man solle sie nicht mehr belästigen: »Leute seines Schlages sind hier nicht willkommen.« Schuschnigg: »Ich war von einem Tag zum anderen zum Paria geworden.«

Der abgesetzte Bundeskanzler durfte, obwohl er zu diesem Zeitpunkt bereits in Gestapo-Haft saß, am 1. Juni 1938 Vera Fugger,

181

eine Freundin seiner verstorbenen Frau, heiraten. Allerdings war es ihm nicht erlaubt, bei seiner eigenen Trauung anwesend zu sein, er wurde von seinem Bruder Artur vertreten.

Kurt jun. durfte seinen Vater erstmals im Frühjahr 1940 in einem Münchner Gefängnis, in das dieser mittlerweile verlegt worden war, besuchen. »Ich stand, als ich ihn nach zwei Jahren wiedersah, unter Schock, denn es war nicht viel mehr als die Hälfte von meinem Vater übrig.« Der 183 cm große Mann wog vierzig Kilo. »Er hat nichts gegessen, weil er für die Mahlzeiten bezahlen musste und Angst hatte, dass seiner Familie zu wenig Geld zum Essen bleiben würde.«

Die letzten vier Jahre der Nazihaft verbrachte der Ex-Kanzler im KZ Sachsenhausen bei Berlin, in dem er »Prominentenstatus« genoss und mit seiner Frau und der in seiner Haftzeit geborenen Tochter Sissi leben durfte.

1945 von den Amerikanern befreit, wanderte Kurt Schuschnigg drei Jahre später in die USA aus. Sein Sohn ließ sich 1956 in Amerika nieder und wurde Kunsthändler. »Jetzt erst konnte ich mit meinem Vater über die politischen Ereignisse sprechen, denn in den USA hatten wir zum ersten Mal Zeit dazu.«

Schuschnigg sen. verbrachte seinen Lebensabend in Tirol, wo er 1977 knapp vor seinem 80. Geburtstag starb.

Wäre nicht vieles anders gelaufen, wenn er Österreich – als er 1934 Kanzler wurde – vom autoritären »Ständestaat« zurück in die Demokratie geführt hätte?

»Ja, sicher hätte man das machen können«, sagte sein Sohn, »vielleicht hatte er auch die falschen Berater. Aber die Sozialisten waren nicht das, was sie später waren, von denen gingen damals leider viele Gewalttaten aus. Mein Vater war ein Patriot, ein Österreicher mit Leib und Seele.«

Und nein, es war keine Belastung, den Namen Kurt Schuschnigg zu tragen und damit ein Leben lang mit dem Bundeskanzler in Zusammenhang gebracht zu werden, der Österreich an Hitler ausliefern musste. »Ich habe meine Herkunft nie verleugnet. Sogar, als ich in die deutsche Wehrmacht eingezogen wurde, da hat ein Unteroffizier zu mir gesagt: ›Sie haben doch nichts mit dem Verbrecher Schuschnigg zu tun? Wenn das so wäre, würde ich Ihnen einen Stiefel auf den Kopf werfen.‹ Auch da bin ich zu meinem Vater gestanden, ich war immer stolz auf ihn.«

Kurt Schuschnigg jun. starb im Oktober 2018, ein halbes Jahr nach diesem Gespräch, im Alter von 92 Jahren in New York.

Aus dem Leben eines vergessenen Filmstars
Liane Haid, vom Stumm- zum Tonfilm

Romy Schneider, Paula Wessely, Hedy Lamarr – das sind die Filmschauspielerinnen, an die man sich immer erinnern wird. Doch es gibt auch solche, die vergessen sind. Eine davon ist die Wienerin Liane Haid. Dabei war sie ein wirklich großer Star, der noch dazu ein aufregendes Leben hatte.

Am 16. August 1895 als Tochter eines Geigenbauers in Wien zur Welt gekommen, trat sie vorerst im Kinderballett der k. u. k. Hofoper auf und erhielt eine Gesangsausbildung. Als junge Frau war Liane Haid am Theater an der Wien engagiert, ehe sie den Industriellen Baron Friedrich Haymerle heiratete. Der war so reich, dass er für seine Frau die legendäre Schönbrunn-Film gründete, in deren

Studios sie ihre ersten Stummfilme drehte. Mit *Lady Hamilton* feierte sie 1921 ihren Durchbruch. Der Film, in dem die Liebesgeschichte des britischen Admirals und Nationalhelden Lord Nelson und der schönen Emma Hamilton erzählt wird, war der größte Kassenschlager seiner Zeit. Liane Haid erhielt daraufhin ein Angebot aus Hollywood, das sie jedoch ihrer Ehe zuliebe ausschlug.

Ab 1930 gelang es ihr als einem der ganz wenigen Stummfilmstars, ihre Karriere im Tonfilm fortzusetzen. Robert Stolz komponierte für sie das Chanson *Adieu, mein kleiner Gardeoffizier*, das durch ihre Interpretation in dem Film *Das Lied ist aus* weltberühmt wurde.

Ein Großteil der insgesamt fünfzig Filme der Liane Haid war so erfolgreich, dass sie bald aufs Theaterspielen verzichtete. Auf der Bühne sei sie ohnehin nie so glücklich gewesen wie im Studio. »Ich erinnere mich an eine Theaterpremiere«, erzählte sie, »der Vorhang öffnete sich, und mir fiel der Text nicht ein. Da sagte ich vor allen Leuten zu meinem Partner: ›Ich bitte dich, fang du an!‹ Das Premierenpublikum war geschockt, man sprach von einem Skandal.«

Liane Haid war einer der größten Stars der Ufa, ihre Filme hießen *Eine Frau wie du, Der Prinz von Arkadien, Ihre Durchlaucht, die Verkäuferin;* 1936 spielte sie in *Ungeküsst soll man nicht schlafen gehen* an der Seite von Heinz Rühmann, Hans Moser und Theo Lingen, weitere Filmpartner waren Hans Albers, Gustav Fröhlich und Willi Forst.

Doch die ständigen Dreharbeiten zerstörten zwei Ehen, erst in der dritten, mit einem Schweizer Arzt, schien Liane Haid ihr Glück gefunden zu haben. Bis der sie nach dreißig Jahren wegen einer Jüngeren verließ, was sie nie ganz verkraftet hat.

Aber auch beruflich verlief nicht alles glatt. Schon als junge Filmschauspielerin führte sie vor dem Wiener Bezirksgericht gegen die Wiener Kunstfilm einen aufsehenerregenden Prozess wegen der für

Liane Haid in dem Film Ihre Durchlaucht, die Verkäuferin *mit Willi Forst 1933*

Schauspielerinnen unzumutbaren Arbeitsbedingungen. Liane Haid hatte sich in einem dünnen Kleid bei den Dreharbeiten in unbeheizten Ateliers derart erkältet, dass sie hohes Fieber bekam. Dennoch schickten die Filmproduzenten täglich einen Boten zu ihr, der sie ins Studio schleppte, bis sie dort eines Tages zusammenbrach. Als Zeuginnen geladene Schauspielerinnen bestätigten vor Gericht die unerträglichen Zustände am Set. Schließlich wurde Liane Haids Vertrag in dem von der Presse viel beachteten Prozess aufgelöst.

Ich erreichte Liane Haid im Sommer 2000 in Bern aus Anlass ihres 105. Geburtstags am Telefon. Sie plauderte gleich drauflos: »Ich blicke zurück auf ein wunderbares Leben. Da versinke ich in eine wunderbare Zeit. Das heißt, die Zeit war gar nicht so wunderbar, wie es die Erinnerungen sind.«

Sie hat in der »nicht so wunderbaren Zeit«, den Jahren des Nationalsozialismus, zehn Filme gedreht und soll bei einem Empfang für Filmschaffende dem »Führer« zugerufen haben: »Großartig haben S' das g'macht, Herr Hitler, nur so weiter, toi, toi, toi.« Freilich wurde dieses Zitat Liane Haid von Karl Kraus in dem Buch *Die Dritte Walpurgisnacht* in den Mund gelegt, sie hat das wohl so nie gesagt. Ende der 1930er-Jahre teilte ihr Propagandaminister Joseph Goebbels aus unbekannten Gründen keine Filmrollen mehr zu, zwei Jahre später flüchtete Liane Haid »wegen des Regimes, weil alles bombardiert wurde und weil alle guten Regisseure gegangen waren« in die Schweiz.

Dort blieb sie für den Rest ihres Lebens, und sie drehte nach dem Krieg nur noch einen Film, ehe sie sich ganz aus dem Berufsleben zurückzog. In ihren späten Jahren begann sie ein Literatur- und Kunstgewerbestudium, das wohl dazu beitrug, ihre geistige Regsamkeit zu bewahren. Bei den Zeitungen, die ihr einst so große Beachtung geschenkt hatten, war sie mittlerweile in Vergessenheit geraten.

Als ich mit ihr sprach, sagte sie noch, auf das Geheimnis ihres Alters angesprochen: »Also, gegessen hab ich immer ganz normal, Alkohol hab ich wenig getrunken. Und in meinem Leben nur eine einzige Zigarette probiert. Da hab ich gleich erkannt: Das ist nichts für mich. Und nie wieder eine angerührt. Ich habe gerne gelebt, aber glauben Sie mir, ich freu mich auch schon auf das Himmelreich.«

Liane Haid starb am 28. November 2000 in ihrem 106. Lebensjahr.

Klimts Schwiegertochter

Was aus dem Nachlass wurde

Es war eine ungewöhnliche Beziehung. Er war Klimts Sohn und machte als erfolgreicher Filmregisseur Karriere – auch in der Nazizeit, in der sie als »Halbjüdin« verfolgt wurde. Sie war um 23 Jahre jünger als er und erbte nach seinem Tod die weltweit größte private Klimt-Sammlung. Ursula Ucicky lebt zurückgezogen in Wien und ist 98 Jahre alt. Klimts Schwiegertochter erzählte mir aus ihrem bewegten Leben.

»Fünf Jahre sind in meinem langen Leben eine kurze Zeit«, sagt Ursula Ucicky, »aber diese fünf Jahre hatten es in sich«. So lange war sie mit Gustav Ucicky verheiratet, der als unehelicher Sohn des Genies Gustav Klimt und seiner Hausgehilfin Maria Ucicka im Jahr 1899 in Wien zur Welt kam. Maria war auch eines der vielen Modelle Gustav Klimts.

»Als ich Gustav Ucicky kennenlernte«, erinnert sich seine Witwe, »hatte ich keine Ahnung, wer Klimt war«. Es war anlässlich einer Filmpremiere 1956 in Hamburg, »der Gustl war 57, ich 34. Ich arbeitete als Journalistin und bat ihn um ein Interview, worauf er mich zum Gespräch in seine Wiener Wohnung einlud. Als ich dort Zeichnungen und Ölgemälde sah, sagte ich: ›Interessante Bilder haben Sie.‹ Er erwiderte: ›Die sind von Klimt.‹ Doch der Name sagte mir nichts.«

Tatsächlich war Klimt damals noch lange nicht als Jahrhundertgenie bekannt, geschweige denn, dass seine Bilder zu den teuersten Werken der Welt gezählt hätten. »Die Bilder hingen an den Wänden seiner Wohnung, aber ich kann mich heute nicht mehr erinnern, ob

Gustav Ucicky damals schon erwähnt hat, dass der Maler sein Vater war.«

Ein Jahr später heirateten Ursula und Gustav Ucicky. »Klimts Aktzeichnungen mussten runter von den Wänden, weil wir eine Bedienerin hatten, die sie als zu anstößig empfand.«

Ursula wurde die Regieassistentin ihres Mannes. »Er hat mir erzählt, dass er als Kind seinen Vater in seinem Atelier in Hietzing besucht und ihm bei der Arbeit zugesehen hat. Aber nach kurzer Zeit sagte Klimt dann immer zu seinem Sohn: ›Da hast ein paar Heller, verstehst eh nix von der Malerei, kauf dir was Süßes.‹«

Mit siebzehn träumte Gustav Ucicky bereits von einer Karriere beim Film und stellte sich beim Produzenten Sascha Graf Kolowrat vor. Er wurde als Hilfskameramann aufgenommen, drehte im selben Jahr noch das Begräbnis Kaiser Franz Josephs und wurde Leibkameramann von Kaiser Karl.

In der Ersten Republik filmte Gustav Ucicky in Wien zunächst als Kameramann und dann als Regisseur unter anderen den Film *Café Elektric* (1927), in dem Marlene Dietrich und Willi Forst ihre ersten Hauptrollen spielten. Die Ufa holte Ucicky nach Berlin, wo er in der Zeit der Weimarer Republik zu einem der führenden Regisseure aufstieg. Waren es vorerst Unterhaltungs- und Literaturfilme wie *Der zerbrochene Krug* und *Der Postmeister,* so entstand 1941 unter Ucickys Regie der NS-Propagandafilm *Heimkehr* mit Paula Wessely in der Hauptrolle.

Ursula Ucicky geb. Kohn war 1922 als Tochter eines jüdischen Tuchfabrikanten zur Welt gekommen, dessen Anteil an der Fabrik, Haus und Vermögen von den Nazis beschlagnahmt wurden. Als »Mischling zweiten Grades« musste sie die Schule verlassen und mit Eltern und Schwester in der Anonymität der Großstadt Hamburg

Sein Name war damals noch lange nicht als der eines Jahrhundertgenies bekannt: Gustav Klimt

untertauchen. Nach dem Krieg lebte sie unter anderem in England und Israel, ehe sie 1953 nach Deutschland zurückkehrte.

Natürlich wusste Ursula Kohn, als sie Gustav Ucicky 1957 heiratete, dass er für die Nazis Filme gedreht hatte, doch sie klagt ihn nicht an. »Er war ein besessener Regisseur, sein jüdischer Produzent bezeichnete meinen Mann in der Nachkriegszeit einmal als politischen Trottel. Ihn hat sein ganzes Leben lang nur der Film interessiert, darunter habe ich später auch gelitten, weil er nichts anderes kannte als den Film. Mein Mann war kein Nazi, aber er war auch kein Held, der den Mut gehabt hätte, die Dreharbeiten zu *Heimkehr* konsequent abzulehnen. Dieser Film ist ein schreckliches Machwerk, aber er hat ihn sicher nicht freiwillig gedreht. Wer in dieser Zeit nicht mit den Wölfen geheult hat, war erledigt.«

Ursula Ucicky sagt, dass sie mit ihrem Mann kaum über seine Tätigkeit für das Dritte Reich gesprochen hätte. »Wir hatten ganz andere Sorgen, er war meist auf der Suche nach neuen Filmstoffen, die nicht und nicht kamen, weshalb er ständig in der Angst lebte, dass wir eines Tages nichts zu essen haben würden.«

Die Klimt-Gemälde und -Zeichnungen, die Gustav Ucicky besaß, hatte er nicht geerbt. »Er hat sie gekauft«, sagt Ursula Ucicky, »weil sie von seinem Vater stammten. Ich glaube, er hat durch die Bilder seine Nähe gesucht, zu der es im Leben nie wirklich gekommen ist. Als Gustl durch den Film sein erstes Geld verdiente, begann er Klimt-Bilder zu kaufen, die damals noch erschwinglich waren.«

Gustav Ucicky starb 1961 im Alter von 61 Jahren während der Dreharbeiten zu dem Film *Das letzte Kapitel* an den Folgen eines Schlaganfalls. Seine Witwe hat erst nach seinem Tod von der wahren Bedeutung ihres Schwiegervaters erfahren, »als jemand zu mir sagte: ›Mein herzliches Beileid‹ – und gleich darauf: ›Wollen Sie nicht einen Klimt verkaufen?‹«

Nein, das wollte sie nicht. Doch die aus zahlreichen Gemälden und Zeichnungen bestehende Kunstsammlung in ihrer Wiener Wohnung zu belassen, war auf Dauer auch keine Lösung. Zur Jahrtausendwende begann dann »das Affentheater«, wie Ursula Ucicky sagt, um Klimt. Die Preise stiegen ins Unermessliche, vor allem als mehrere Restitutionsfälle in Museen gerichtsanhängig wurden.

Einige Bilder im Wiener Belvedere wurden den Erben der in der NS-Zeit enteigneten Besitzer zugesprochen und in den USA versteigert, wobei die *Goldene Adele* im Jahr 2006 mehr als hundert Millionen Euro erzielte. Jetzt erst war Ursula Ucicky klar, auf welchem Schatz sie saß.

Der Name Klimt sagte ihr zunächst nichts – Ursula Ucicky, die Schwiegertochter des Malers, vor einem der wertvollsten Bilder der Welt: Klimts Die Braut *befindet sich als Leihgabe der Klimt-Foundation im Wiener Belvedere.*

»Gerade da tauchte in meiner Wohnung ein riesiger Wasserscha-
den auf, der den Bildern gefährlich werden konnte. Die Wohnung
musste saniert werden, da wusste ich, dass die Bilder so schnell wie
möglich wegmussten.«

Ursula Ucicky entwickelte 2013 gemeinsam mit dem Museums-
experten Peter Weinhäupl, der Kunsthistorikerin Sandra Tretter

und dem Anwalt Andreas Nödl die gemeinnützige Klimt-Foundation, die die Sammlung für Österreich rettete und die Bilder weltweit Museen für Ausstellungen zur Verfügung stellt. Gemäß den Statuten der Stiftung darf kein einziges Bild verkauft werden. Darüber hinaus ist die Foundation heute als Forschungszentrum zum Thema »Wien 1900« etabliert.

Der Wert der Sammlung ist indes in die Höhe geschnellt: Allein das Gemälde *Die Braut* würde einen ähnlich hohen Preis erzielen wie die *Goldene Adele*.

Ursula Ucicky empfindet solche Summen als »schrecklich, weil Klimts Werke dadurch meist wegen ihres enormen Wertes im Mittelpunkt stehen, während die Kunst oft in den Hintergrund tritt.« Sie selbst ist »glücklich, dass ich die Sorge um die Bilder hinter mich gebracht habe. Sie sind jetzt gut aufbewahrt und viele Menschen können sich in Zukunft an ihnen erfreuen.«

Adel verpflichtet

»Für mich bleibt er Prinz«

Aus der Familienchronik der Schwarzenbergs

Die Familie zählt zu Europas ältesten und reichsten Adels-
geschlechtern. Nein, Karl Schwarzenberg war nicht der erste
Außenminister in dieser Familie. Schon sein Urahn Felix Fürst
Schwarzenberg hatte diesen Posten inne, allerdings in Wien und
nicht in Prag. Felix war auch Ministerpräsident Kaiser Franz
Josephs, der im hohen Alter noch behaupten sollte, dass »der
Schwarzenberg mein bester Ministerpräsident gewesen ist«.

Die Familiensaga der Schwarzenbergs erinnert an den Witz jenes
Mannes, der so reich war, dass er ein zweites Bankkonto eröffnen
musste, weil auf seinem bisherigen Konto kein Platz mehr war.
Denn die Familie verfügte am Ende des 18. Jahrhunderts tatsächlich über ein so großes Vermögen, dass sich das alte Adelsgeschlecht
zweiteilte.

Besagter Felix Schwarzenberg war dem Fürsten Metternich als
junger Mann durch Weitsicht und Klugheit aufgefallen. Der allmächtige Staatskanzler holte ihn in den diplomatischen Dienst,
ohne ahnen zu können, dass Schwarzenberg ihn Jahre danach ablösen sollte, zumal er selbst wegen seiner Politik der Unterdrückung
aus Wien verjagt wurde. Felix Schwarzenberg trat das Amt im Revo-
lutionsjahr 1848 an, in dem der Fortbestand der Monarchie alles

194

»Der Schwarzenberg war mein bester Ministerpräsident«, sagte Kaiser Franz Joseph über den Fürsten Felix zu Schwarzenberg.

andere als gewiss war. Er bewies in dieser heiklen Situation so großes Geschick, dass der junge Franz Joseph ihm blind vertraute. Es war der erste große Schicksalsschlag des Kaisers, als Schwarzenberg 1852, nur 52 Jahre alt, plötzlich in seinem Büro starb.

Die Schwarzenberg'sche Familienchronik lässt sich bis ins 11. Jahrhundert zurückverfolgen. Ursprünglich aus Franken stammend, erwarb das Geschlecht riesige Ländereien in Böhmen und Österreich und brachte bedeutende Staatsmänner, Kirchenfürsten und Kriegsherren hervor. Der Berühmteste von ihnen war Carl Philipp Fürst zu Schwarzenberg, der als Diplomat die Hochzeit Napoleons mit der österreichischen Erzherzogin Marie-Louise vorbereitete, dem Korsen ein paar Jahre später jedoch in der Völkerschlacht bei Leipzig als Feldherr gegenüberstand und ihn vernichtend schlug. Schwarzenbergs Name ist zweihundert Jahre später nicht vergessen, trägt doch einer der repräsentativsten Plätze Wiens seinen Namen. Und auf dem Schwarzenbergplatz stehen das heute noch in Familienbesitz befindliche Palais Schwarzenberg sowie ein Reiterstandbild des Feldmarschalls, der Napoleons Truppen bezwang. Das größte Anwesen der Schwarzenbergs in Österreich ist im steirischen Murau gelegen.

Die Wurzeln ihres sagenhaften Reichtums liegen im 17. Jahrhundert, als der 31-jährige Reichsgraf Georg Ludwig Schwarzenberg die davor schon fünf Mal verwitwete 81-jährige Anna Neumann von Wasserleonburg ehelichte. Diese hatte es durch den Tod sämtlicher ihrer Ehemänner und durch erfolgreichen Geldverleih in ihrer steirischen Heimat zur reichsten Frau ihrer Zeit gebracht. Als sie 1623 im Alter von 88 Jahren starb, hinterließ sie den Schwarzenbergs ein gigantisches Vermögen, von dem das bald tausend Jahre alte Geschlecht heute noch zehrt.

In der Familiengeschichte finden sich auch zahllose Tragödien. So kam die Mutter des Ministerpräsidenten Felix, als dieser neun Jahre alt war, auf einem Ballfest Napoleons ums Leben, als ihr Kleid, während sie tanzte, Feuer fing. Schlimmes fügte das Schicksal auch Adam Schwarzenberg zu, der 1732 von Kaiser Karl VI. – dem Vater Maria Theresias – bei einem Jagdunfall erschossen wurde.

Durch Nationalsozialisten und Kommunisten enteignet, wurden den Schwarzenbergs nach dem Fall des Eisernen Vorhangs Teile ihrer Ländereien restituiert.

Die Schwarzenbergs haben ihren Humor selbst dann nicht verloren, als sie ganz unten waren – auch nicht nach dem Zweiten Weltkrieg, als die Sowjets Wiens Schwarzenbergplatz in Stalinplatz

Durch die Heirat mit Anna Neumann von Wasserleonburg erwarben die Schwarzenbergs immensen Reichtum.

umbenannt hatten. Als ein Fremder den damaligen Fürsten Josef Schwarzenberg nach seiner Wohnadresse fragte, antwortete dieser, nicht ohne Ironie: »Ich wohne auf dem nach mir benannten Stalinplatz!«

Da der 1965 verstorbene, aus der »reichen Linie« stammende Prinz Heinrich keine männlichen Nachkommen hatte, adoptierte er den aus dem »armen« Zweig kommenden Karl Schwarzenberg, der heute Oberhaupt der Dynastie ist.

Dazu noch eine passende Anekdote: Bruno Kreisky, damals noch Außenminister, umgab sich gerne mit Aristokraten. Eines Tages trat sein Sekretär in Kreiskys Büro, um seinem Chef mitzuteilen: »Herr Minister, heut' Nachmittag ist der Karl Schwarzenberg zu einem Besuch bei Ihnen angemeldet. Ich möchte Sie, weil Sie ihn immer als ›Prinz Schwarzenberg‹ ansprechen, darauf aufmerksam machen, dass sein Onkel Josef, der Chef des Hauses Schwarzenberg, vorgestern verstorben ist. Damit hat Karl seine Stellung als Oberhaupt der Familie übernommen, er trägt also jetzt den Titel ›Fürst‹.«

Kreisky hörte sich den Hinweis in aller Ruhe an und brummte dann: »In Österreich wurde der Adel am 12. November 1918 abgeschafft. Für mich bleibt er Prinz!«

Liechtensteins Fürsten aus Österreich
Eine Familiengeschichte

Hört man Liechtenstein, denkt man an ein kleines Paradies, in dem so gut wie keine Steuern zu entrichten sind. Jedoch, wer hätte das gedacht, selbst der Fürst des Landes kommt dem Fiskus nicht aus – allerdings dem österreichischen. Denn ihre größten Besitzungen hat die Familie Liechtenstein nicht im eigenen Land, sondern in Wien, Niederösterreich, Kärnten und in der Steiermark. Die Liechtensteins zählen zu Österreichs bedeutendsten Großgrundbesitzern, ihre Ländereien hierzulande sind fast doppelt so groß wie das ganze Fürstentum.

Das Geschlecht derer zu Liechtenstein, schon zu Zeiten der Raubritter zu großem Vermögen gekommen, ist österreichischen

Das Stammhaus des alten Adelsgeschlechts: Burg Liechtenstein bei Wien

Ursprungs. Nicht nur dass der frühere Fürst Franz Joseph II. am 16. August 1906 im steirischen Schloss Frauenthal zur Welt kam und seine Matura am Wiener Schottengymnasium ablegte, es waren auch sämtliche seiner Vorfahren hierzulande ansässig. Erst mit dem Zusammenbruch der Monarchie begannen die Liechtensteins, sich für ihr neues »Reich« zu interessieren, und übernahmen die Herrschaft des Zwergstaates an der Grenze zu Vorarlberg.

Am Anfang stand eine südlich von Wien gelegene Burg. Und dieser verdankt das alte Geschlecht seinen Namen. Im 12. Jahrhundert errichtete Heinrich von Schwarzenberg auf einem »liechten Stain« – einem hellen Felsstück also – bei Mödling eine mittelalterliche Burg, die heutige Burg Liechtenstein. Ein gewisser Hugo, der einem angesehenen Geschlecht von Donauwörth entstammte, heiratete später die Tochter des Burgherrn Haderich. Somit wurde Hugo der erste Träger des Namens Liechtenstein.

Die ersten Liechtensteins waren treue Diener der Babenberger, doch kaum hatten die Habsburger die Macht erlangt, schlugen sie sich flugs auf deren Seite.

Zu allen Zeiten zeichnete sich die Familie Liechtenstein durch besondere Geschäftstüchtigkeit aus; sie erbeutete riesige Wälder und Ländereien, in ihrem Besitz befanden sich große Teile der Stadt Wien und Niederösterreichs sowie Herrschaften in Oberösterreich, der Steiermark und in Tirol.

Gegen Ende des 14. Jahrhunderts passierte ihnen freilich ein Missgeschick, das sie zu ruinieren drohte: Ein Johann von Liechtenstein verscherzte sich's mit den Habsburgern, und des Herrschers Rache war schrecklich: König Albrecht V. lud den gesamten Liechtenstein-Clan zum festlichen Mahl an seinen Hof, doch war die hochnoble Einladung ein bloßes Täuschungsmanöver, denn die Gäste wurden sofort nach ihrer Ankunft in den Kerker gesteckt. Im Verlauf ihrer Haft wurden sie gezwungen, auf ihre dreiundzwanzig Schlösser und Ländereien zu verzichten, welche damit allesamt in den Besitz der Habsburger übergingen. Die Liechtensteins waren über Nacht verarmt.

Kaum wieder in Freiheit, begannen sie von vorne, und knapp zweihundert Jahre später – das ist gar nicht so lang in der Geschichte eines Geschlechts – hatte die Familie ihre alten Besitzungen und noch mehr zurückgekauft.

Nachdem das Zerwürfnis mit den Habsburgern vergeben und vergessen war, hatten es die Liechtensteins erneut verstanden, deren Gunst zu erlangen. Im Jahr 1608 in den erblichen Fürstenstand erhoben, nahmen sie als Finanziers der Kaiser in Österreichs Geschichte entsprechend wichtige Positionen ein: Sie stellten einen Ministerpräsidenten und einen Finanzminister, ein Liechtenstein war Kardinal, ein anderer Landesherr von Mähren, etliche machten als Feldherren Furore, der Bedeutendste von ihnen, Fürst Johann I., befehligte die österreichische Kavallerie in der Dreikaiserschlacht von Austerlitz und handelte danach als Abgesandter Österreichs den Waffenstillstand und auch den »Preßburger Frieden« aus. In den Schlachten von Aspern, Wagram und Znaim kämpfte er als Feldmarschallleutnant gegen Napoleon und führte danach die Friedensverhandlungen.

Anfang des 18. Jahrhunderts erfolgte der wichtigste Schritt für die Gegenwart: Fürst Johann Adam kaufte für 400 000 Gulden den kleinen Landstrich um Vaduz – das heutige Liechtenstein. Wie wenig interessiert die Liechtensteins an ihrem neuen Land zunächst waren, erkennt man daran, dass hundertfünfzig Jahre lang kein einziges Mitglied der Familie den eigenen Grund und Boden auch nur betreten hat.

Die Region war ja auch bettelarm und ohne jede wirtschaftliche Bedeutung. Reich wurde sie erst unter dem Fürsten Franz Joseph, der im Jahr 1938 die Regierungsgeschäfte übernommen hatte. Im Zweiten Weltkrieg neutral geblieben, verstand er es, sein Land politisch und wirtschaftlich der Schweiz anzuschließen. Und 1945 hatte er die Idee, Unternehmen, die sich im Fürstentum ansiedeln wollten, eine zehnjährige Steuerfreiheit zu gewähren. Dies und die übrigen Minimalsteuersätze zogen Tausende »Briefkastenfirmen« an, ließen aber auch eine Industrialisierung der bisherigen Agrarregion zu.

201

Während das Fürstentum und seine Bewohner nach dem Zweiten Weltkrieg wohlhabend wurden, ist die Familie Liechtenstein in dieser Zeit geradezu »verarmt«. Denn vom 1600 Quadratkilometer großen Grundbesitz blieben nur 240 Quadratkilometer – achtzig Prozent der Liechtenstein'schen Ländereien wurden vom kommunistischen Regime in der Tschechoslowakei verstaatlicht.

Aber auch von den restlichen, vor allem in Österreich gelegenen, zwanzig Prozent lässt sich's leben. So besitzt die Familie allein in Wien vier prunkvolle Palais, ihre Güter zählen zu den gewinnträchtigsten des Landes; die Liechtensteins sind außerdem an großen österreichischen Industrieunternehmen beteiligt.

Die Könige vom Traunsee
Wie die Hannoveraner Österreicher wurden

Er sorgt von Zeit zu Zeit für gehörigen Wirbel, der Prinz Ernst August von Hannover, seines Zeichens Ehemann der Prinzessin Caroline von Monaco. Als Mitglied des ehemaligen Herrschergeschlechts der Welfen gehört er – mit mehr als tausendjährigem Stammbaum – einem der ältesten Fürstenhäuser Europas an. Seit gut eineinhalb Jahrhunderten sind die Hannoveraner Österreicher. Wie es dazu kam, ist eine eigene Geschichte.

Die Hannoveraner waren treue Verbündete Österreichs. Und eben diese Treue brachte sie schließlich um den Thron, denn als die österreichisch-ungarische Monarchie 1866 den Krieg gegen Preußen verlor, stand Hannover auf der Seite der unterlegenen Habs-

burger. Daraufhin musste König Georg V. – ein Urahn des schlag-
kräftigen Ernst August – abdanken. Seit seinem vierzehnten
Lebensjahr blind, flüchtete der Monarch mit seiner Familie nach

*Durch ihn wurden die
Hannoveraner zu Österreichern:
König Georg V. ging nach Wien und
an den Traunsee ins Exil.*

Wien, wo er von Kaiser Franz Joseph mit offenen Armen aufgenommen wurde. Seither sind die Hannoveraner »Österreicher«. Der
vom Thron verstoßene König lebte fortan samt Familie im Wiener
Palais Cumberland – dem heutigen Reinhardt Seminar – vis-à-vis
von Schönbrunn. Und er kaufte als Urlaubsdomizil die »Königin-
villa« am Traunsee.

So verhaltensauffällig der heutige Prinz Ernst August von Hannover im dazugehörigen Jagdrevier in Grünau im Almtal gelebt hat –
das Schloss selbst gehört seit 1979 dem Land Oberösterreich – so
glorreich verlief die Geschichte der Hannoveraner in den Jahrhunderten davor. Durch geschickte Heiratspolitik waren sie in fast allen
europäischen Königshäusern vertreten. Allerdings ziehen sich Sit-
tenskandale wie ein roter Faden durch die Familienchronik.

König Georg I. hatte im Jahr 1714 als erster Hannoveraner den englischen Thron bestiegen, nachdem sein Vater eine Urenkelin des britischen Königs Jakob I. geheiratet hatte. Dass besagter Georg sein Lieblingsbier von Hannover nach London mitbrachte, hätte man ihm noch verziehen, doch dass er auch seine Mätressen importierte und diese aus lauter Dankbarkeit in den englischen Adelsstand erhob, war für die Briten mehr als »shocking«. Noch schlimmer trieb es dann sein Sohn Georg II., zu dessen bevorzugten Gespielinnen Kammerzofen und Schauspielerinnen zählten.

Auch der nächste Georg – der Dritte – regierte Großbritannien und das Königreich Hannover gleichzeitig und das sechzig Jahre lang. Zwar führte er als Einziger von allen »Georgs« ein vorbildliches Familienleben, doch war er die letzten Jahre seines Lebens geistig umnachtet. Sein Sohn Georg IV., mehr Dandy als Regent, war dann wieder ein würdiger Nachfahre seiner Großväter. Wobei sich seine liebestolle Gemahlin Caroline als ebenbürtige Partnerin erwies, denn ihre Palastwachen verbrachten die Nacht oft nicht vor der Tür, sondern im Himmelbett der Königin. Die Szenen dieser Ehe werden durch eine Anekdote hinreichend beschrieben: Der Außenminister informierte den König vom Tod Napoleons: »Sire, Ihr ärgster Feind ist soeben verstorben!« Worauf Georg IV. ausrief: »Was, meine Frau ist tot?«

Im Jahr 1837 bestieg Königin Victoria – die Nichte Georgs IV. – den englischen Thron, womit die ungewöhnliche Doppelmonarchie London-Hannover in Brüche ging, da Frauen nach hannoverischem Erbrecht die Hansestadt nicht regieren durften. Also wurde Victorias Vetter Ernst August König von Hannover, dessen Nachfolger und Sohn Georg V. dann schließlich den bitteren Weg ins österreichische Exil antreten musste.

Im Salzkammergut zählen die Hannoveraner seit eineinhalb Jahrhunderten zu den angesehensten Adelsfamilien, erwiesen sie sich doch von Anfang an als großzügige Stifter von Kirchen und sozialen Einrichtungen. Der Sohn des letzten Königs – er trug den Titel eines Herzogs von Cumberland – hatte seinen Wohnsitz ganz nach Gmunden verlegt, wo er rauschende Feste feierte, die Europas Hocharistokratie immer wieder an den Traunsee lockten. Obwohl ihr 16 Millionen Taler schweres Privatvermögen 1866 von Preußen beschlagnahmt worden war, konnten die Hannoveraner hierzulande stets ein mehr als sorgenfreies Leben führen. Denn auf der Flucht nach Österreich hatten sie den legendären »Welfenschatz« mitgenommen und in den ersten Jahren der Emigration sukzessive verkauft. Heute sind die unschätzbar wertvollen Reliquien im Besitz verschiedener deutscher Museen.

Doch persönliches Glück lässt sich mit allen Schätzen dieser Welt nicht erkaufen. Der heutige Ernst August ist nicht das erste schwarze Schaf in der Familie.

LITERARISCHES

So liebte Casanova

Aus dem Leben eines Frauenhelden

Caterina Capretta war eine junge Frau, »deren Schönheit, Scharfsinn und Unschuld den Männern den Kopf verdrehte«. Natürlich auch den von Giacomo Casanova, der ihr sofort die Ehe versprach, allerdings nur »vor Gott«, womit er die Schöne herumkriegte, ohne sie tatsächlich heiraten zu müssen. Am Tag danach erzählte Caterina ihrer Freundin, der Nonne M., von Casanovas einzigartigen Liebeskünsten, worauf sich auch diese dem berühmtesten Galan der Weltgeschichte hingab.

Was hätte er denn tun sollen, der arme Mann, wo immer er hinkam, lauerte die Versuchung. Wer in Casanovas Memoiren blättert, erfährt, wie dieser seinem Namen alle Ehre machte. 1725 als Sohn armer Schauspieler in Venedig geboren, studiert er zunächst Jus und Theologie, ehe er – man glaubt's nicht: Priester wird! Der reiche Senator Bragadin, dem er nach einem Schlaganfall das Leben rettet, adoptiert ihn, worauf Casanova aus lauter Dankbarkeit dessen Frau verführt. Infolge dieses Abenteuers von seinem Gönner verstoßen, legt Casanova die Soutane ab und reist als Kaufmann, Diplomat, Glücksspieler, Hochstapler und Spion quer durch Europa. Und findet, wo immer er hinkommt, dankbare Gespielinnen.

Er beglückte auch eine Wiener Baronin, »die ein lockeres Leben geführt, aber nicht alle Reize eingebüßt« hatte: Giacomo Casanova

Auch während mehrerer Wien-Aufenthalte sollte sich Casanova als überaus aktiv erweisen. Erstmals 1752, als der damals 27-jährige Venezianer eine Wiener Baronin beglückt, »die ein lockeres Leben geführt, aber nicht alle Reize eingebüßt« hatte. Neben besagter Baronin erfreut er sich noch einer ungenannt bleibenden Zahl von Wienerinnen, die »der Liebe huldigten, und das so gründlich, dass sie nicht einmal befürchteten, durch Annahme von Gold ihre Vornehmheit zu verlieren«. Beim Picknick in Schönbrunn mit einer freizügigen Schönheit verdirbt er sich nach erfolgreichem Geschlechtsakt den Magen und sieht seine letzte Stunde gekommen. Die anschließende Behandlung durch einen Arzt missfällt ihm dermaßen, dass er auf ihn schießt. Der Doktor rennt um sein Leben.

Zurück in Venedig, kehrt Casanova eines Nachts, vom Regen durchnässt, heim in seine Wohnung. Tonina, die schöne Tochter der Vermieterin, trocknet ihn fürsorglich ab. Sie steht in einem Hemdchen, mit kaum bedeckten Brüsten, vor ihm, da empfiehlt er ihr, das Hemd mit den Zähnen festzuhalten. Es passiert das Unumgängliche: Was es oben verdeckt, entblößt es unten, worauf der um ihre Unschuld gerade noch so Besorgte die Beherrschung verliert: »Ich pflückte ihre schöne Blüte, und beim Erwachen fand ich mich in Tonina so verliebt, wie ich es nie zuvor gewesen.«

Er verbringt mit ihr 22 Tage, »die ich zu den glücklichsten meines Lebens zähle«. Wenn auch nicht glücklich genug, um nicht nach Ablauf dieser Frist deren Schwester Barberina erobern zu müssen, bei der er »eine Frucht zu genießen glaubte, deren Süße ich nie zuvor so vollkommen genossen habe«.

Natürlich fragt man sich, ob all das wahr ist, was Casanova uns hinterließ, oder ob er nicht eher ein Münchhausen als ein Frauenheld gewesen. Casanova-Forscher neigen dazu, seinen erotischen Schilderungen Glauben zu schenken, schreibt er doch auch über Misserfolge, Niederlagen und Besuche bei Dirnen. Über Erlebnisse also, die ein Angeber wohl eher »vergessen« hätte.

Als Beweis seiner amourösen Abenteuer dient auch Casanovas Verhaftung im Jahr 1755, als den venezianischen Behörden sein Treiben zu bunt wird. Wegen seines ausschweifenden Lebenswandels zu fünf Jahren Kerker verurteilt, gelingt ihm eine aufsehenerregende Flucht aus den berüchtigten Bleikammern des Dogenpalasts. Casanova geht als Chevalier de Seingalt neuerlich auf Reisen, erobert in Preußen, Sachsen, Böhmen, Italien, Polen und Frankreich zahllose Herzen, um 1766 nach Wien zurückzukehren.

Diesmal in seinem Betätigungsfeld etwas eingeschränkt, muss er doch die linke Hand in der Schlinge tragen. Die Verletzung hat sich der nunmehr 42 Jahre alt gewordene Playboy in Warschau geholt, wo er einem Grafen Branicki im Pistolenduell gegenüberstand. Den Grund dazu hatte eine reizende Schauspielerin geboten, die mit beiden Herren den Beischlaf pflegte.

Die Duellaffäre hat Casanova gesellschaftlich aufgewertet – sich mit einem Aristokraten im Zweikampf zu messen, bedeutete damals, mit diesem auf dieselbe Stufe gestellt zu werden. Dennoch verläuft sein zweiter Aufenthalt an der Donau, was die Liebe betrifft, armselig: In Casanovas Wiener Absteige erscheint, wie er uns hinterlässt, »ein zwölf- oder dreizehnjähriges Mädchen«, das ihn »erst um eine milde Gabe bittet und dann die sonderbarsten Angebote macht. Ich fand das wunderhübsch, kam mit ihr zur Sache und schickte sie mit zwei Dukaten fort.« Über Linz gelangt er per Postkutsche nach Augsburg, wo er sich in neue Abenteuer stürzt.

Auch in späteren Jahren infolge seines amourösen Lebenswandels mehrfach im Gefängnis, dürfte er sich's zuletzt mit den Behörden »arrangiert« haben, indem er als Polizeispion und Spitzel der Inquisition in Freiheit lebte.

Als er mit 59 Jahren zum dritten Mal im Gebiet des heutigen Österreich weilt, ist's zwar schon vorbei mit der überbordenden Manneskraft, doch wird Wien auf ganz andere Weise zur wichtigen Station. Lernt Casanova doch hier den Grafen Waldstein kennen, der ihm eine Stelle als Bibliothekar auf Schloss Dux in Böhmen anbietet. Diesem Posten verdanken wir die detailreiche Kenntnis seiner Verführungskünste, zumal er jetzt endlich Zeit findet, seine Abenteuer zu Papier zu bringen. Auf viertausend Seiten erinnert sich der alternde Don Juan aufgrund seiner penibel geführten Tagebuchaufzeichnungen (anders hätte er sich all die Bettgeschichten nicht merken können) an mehrere hundert Affären »mit den schönsten Weibern« Europas.

Seine Memoiren sind freilich weit mehr als eine bloße Aufzählung sagenhafter Potenz. Zählt doch Casanovas *Geschichte meines Lebens* zu den besten kulturhistorischen Quellen des Rokoko, die den Sittenverfall der herrschenden Kreise in Europa sowie soziale und kirchliche Missstände wie kein anderes Werk wiedergeben. Berühmt freilich wurde er nur durch seine Eskapaden.

Was aber war das Unwiderstehliche an Giacomo Casanova? Zweifellos von eindrucksvollem Äußeren, wird seine Leidenschaft von Gespielinnen als ebenso ausdauernd wie zärtlich beschrieben. Gespräche, die er mit Rousseau, Voltaire, dem König von Preußen und der russischen Zarin Katharina führte, zeugen aber auch von hoher Bildung und großem Geist.

Dreihundert Liebhaberinnen sollen es gewesen sein. Und doch war's um eine zu wenig. Denn niemand ist bei ihm, als Giacomo Casanova am 4. Juni 1798 im Alter von 73 Jahren auf Schloss Dux seinem Prostataleiden erliegt. Das erotisch so wechselhafte Dasein bereitete Vergnügen in jungen Jahren, machte aber einsam im Alter.

Die Welt steht auf kein Fall mehr lang
oder Der Komet kommt!

Irgendwie ist das Couplet aus der so österreichischen Zauberposse *Lumpazivagabundus*, demzufolge »die Welt auf kein Fall mehr lang« steht, gültig geblieben. Nicht nur zu Nestroys Zeiten rechnete man damit, dass demnächst »der Komet« kommt und am bevorstehenden Weltuntergang schuld sei. Während der liebenswerte Schustergeselle Knieriem aber seine Todesfurcht in einem veritablen Rausch ersäuft, kommt es in unseren Zeiten immer wieder vor, dass verunsicherte Menschen aus Angst vor einem Kometen in Panik verfallen. Einer der spektakulärsten Fälle war der Massenselbstmord von 39 Mitgliedern einer Sekte in den USA, die den im Frühjahr 1997 sichtbar gewesenen Kometen Hale-Bopp dermaßen fürchteten, dass sie gemeinsam in den Tod gingen.

Die durchaus ernste Frage, ob die Welt ihrem Untergang entgegensieht, stellt sich die Menschheit freilich seit Jahrtausenden, wobei »der Komet« dabei immer eine besondere Rolle spielte. Kein Wunder, gibt es doch – man glaubt es kaum – sage und schreibe 100 Milliarden Kometen! Die meisten schwirren an der Grenze unseres Sonnensystems, in einer Entfernung von fünftausend Milliarden Kilometern herum, einige wenige verirren sich aber in beunruhigend nahe Gefilde unserer Erde. Die sind's dann auch, die die Menschen in Angst und Schrecken versetzen.

Der englische Astronom Edmond Halley erkannte 1682, dass ein von ihm gesichteter Himmelskörper derselbe war, den Johannes Kepler 76 Jahre zuvor schon beobachtet hatte. Seither weiß man, dass Kometen – wie auch der Planet Erde – die Sonne umkreisen, und dass sie meist wiederkehren. Als man den dann nach Edmond Halley benannten Halley'schen Kometen im Mai 1910 neuerlich erwartete, prophezeiten nicht nur Wahrsager, sondern sogar der Direktor der Pariser Sternwarte den »Untergang der Welt«. In Österreich brach die hierorts beliebte *Verkauft's-mei-G'wand-i-fahr-in-Himmel*-Stimmung aus, und Spekulanten boten Veranstaltungen an, »bei denen Sie bis zum Weltuntergang Ihr gesamtes Vermögen verprassen können«. Andere verkauften blausäurehältige »Kometenpillen«, die vor dem Tod schützen sollten. Als Wien dann am

11. Mai 1910 – zufällig und ohne Zusammenhang mit dem Kometen – von einem kleinen Erdbeben erschüttert wurde, verließen viele Bewohner fluchtartig die Stadt. Um am Abend, als die Welt überraschenderweise immer noch »stand«, wieder heimzukehren. Das Überleben wurde beim Heurigen gefeiert.

Schon im Altertum mussten Schweifsterne als Fingerzeig Gottes, als Teufelswerk oder als Boten künftiger Kriege und Naturkatastrophen herhalten, und der griechische Philosoph Aristoteles schrieb ihrem Auftauchen heiße Winde, Trockenheit, Missernten und Hungersnöte zu. Selbst als der Komet Halley 1986 zum vorerst letzten Mal auftauchte, machte man ihn für Tschernobyl und für Aids verantwortlich.

Dabei vermitteln Kometen auch ganz wichtige positive Assoziationen, verkündet doch der Weihnachtsstern die Geburt des Heilands und die Macht des Christentums.

Mit einer Geschwindigkeit von rund 200 000 Stundenkilometern jagen die Kometen seit viereinhalb Milliarden Jahren durchs All, womit sie ebenso alt sind wie unsere Erde und das gesamte Sonnensystem.

Äußerlich ähneln sie schmutzigen Schneebällen, ihr Kern besteht aus Metallen, Stein und Staubpartikeln sowie aus gefrorenen Gasen.

Auch als Nestroy das *Kometenlied* schrieb, herrschte gerade Angst vor einem drohenden Weltuntergang. Hatte doch der k. k. Hauptmann Wilhelm Biela einen Kometen entdeckt, der 1832 in der Monarchie für große Aufregung sorgte. Astronomen vermuten heute, dass Nestroy die Idee hatte, die Panik um den Biela'schen Kometen literarisch auszuwerten. Ehe der Hobbyastronom Knieriem zum *Kometenlied* anhebt, philosophiert er zum Gaudium des Publikums mittels der eigenen Phantasie entsprungener Ausdrücke auf offener Bühne:

»Ich hab' die Sach' schon lang heraus. Das Astralfeuer des Sonnenzirkels ist in der goldenen Zahl des Urions von dem Sternbild des Planetensystems in das Universum der Parallaxe, mittelst des Fixstern-Quadranten, in die Ellipse der Ekliptik geraten; folglich muss durch die Diagonale der Approximation der perpendikulären Zirkel der nächste Komet mit der Welt zusammenstoßen. Diese Berechnung ist so klar wie Schuhwix. Freilich hat nicht jeder die Wissenschaft so im kleinen Finger als wie ich; aber auch der minder Gebildete kann alle Tag' Sachen genug bemerken, welche deutlich beweisen, dass die Welt nicht lang mehr steht. Kurzum, oben und unten sieht man, es geht rein auf'n Untergang los.« Worauf Adolf Müllers Musik einsetzt und der Schuster das wohl populärste Nestroy-Couplet singt:

Es ist kein' Ordnung mehr jetzt in die Stern',
d'Kometen müssten sonst verboten wer'n.
Ein Komet reist ohne Unterlass,
Am Firmament und hat kan Pass.
Und jetzt richt so a Vagabund,
Uns die Welt bei Butz und Stingel z'Grund ...
Da wird einem halt angst und bang.
Die Welt steht auf kein Fall mehr lang ...

Im Gegensatz zu Nestroys satirischer Sicht ging die Erde rund sieben Jahrzehnte danach tatsächlich nur knapp an einer Katastrophe vorbei. Denn am 30. Juni 1908 explodierte über der sibirischen Taiga der vierzigtausend Tonnen schwere Asteroid Tunguska. Wäre

»Die Welt steht auf kein Fall mehr lang«: Johann Nepomuk Nestroy in der Rolle des Knieriem in Lumpazivagabundus *1860*

er stattdessen auf eine Großstadt gestürzt, hätte es Millionen Tote gegeben – seine Zerstörungskraft war tausendmal größer als die der Atombombe von Hiroshima.

Karl Kraus bot die oft hochgespielte Kometenangst Anlass für ganz andere Überlegungen: »Wenn die Erde erst ahnte, wie sich der Komet vor der Berührung mit ihr fürchtet!«

Tatsächlich folgenschwer waren die durch Kometen hervorgerufenen Katastrophen in den Urzeiten der Weltgeschichte. Fotografien, die aus Apollo-Raumschiffen aufgenommen wurden, zeigen, dass im süddeutschen Raum vor 15 Millionen Jahren zwei riesige Himmelskörper aus Nickel und Eisen einschlugen und im Umkreis von fünfhundert Kilometern alles Leben auslöschten. Nach wie vor sind die Ablagerungen in dieser Region ungewöhnlich reich an Nickel. Ein noch größerer Komet dürfte vor 65 Millionen Jahren die Dinosaurier ausgerottet haben.

Alle hundert Millionen Jahre muss mit dem Zusammenstoß eines Kometen dieser Größenordnung mit der Erde gerechnet werden, erklärt man an der Wiener Universitätssternwarte. Da der letzte vergleichbare Vorfall 65 Millionen Jahre zurückliegt, lassen uns die großen Kometen – statistisch gesehen – in den nächsten 35 Millionen Jahren in Ruh'. »In der Frühzeit der Erde waren derartige Zusammenstöße viel häufiger«, sagen die Forscher, »sie sind ein Teil der Entstehungsgeschichte der Planeten.«

Fragt man die zuständigen Wissenschafter nach Prognosen für unser weiteres Zusammenleben mit den Kometen, dann warten sie mit einer guten und einer schlechten Nachricht auf. Die gute zuerst: »Dass durch eine Kollision tatsächlich ›die Welt untergeht‹, kann man so gut wie ausschließen, da es einen Kometen in einer für den Fortbestand der Erde gefährlichen Größe nicht gibt.«

Die schlechte allerdings: »Das Aussterben der Menschheit sowie der Pflanzen und Tierwelt ist durch den Zusammenprall der Erde mit einem Kometen dennoch möglich.«

Freilich sei für den Fall, dass uns wirklich einmal ein außerirdisches Geschoss von bedrohlicher Dimension nahekommt, vorgesorgt: Mitarbeiter der US-Raumfahrtbehörde NASA beobachten die Himmelskörper und nehmen jeden Kometen lange vor seinem Eindringen in die Erdatmosphäre wahr. In gefährlichen Situationen würden Raketen zu den Himmelskörpern gesandt, die diese durch das Entzünden von Sprengsätzen aus der Bahn bringen, damit sie andere, von der Erde wegführende Richtungen einschlagen.

Garantien, dass das im Ernstfall wirklich funktioniert, gibt's natürlich keine.

Der von uns »nur« zweihundert Millionen Kilometer entfernt gewesene Schweifstern Hale-Bopp war mit einem Durchmesser von vierzig Kilometern größer als der einst so gefürchtete Halley und damit der größte sichtbar gewesene Komet des 20. Jahrhunderts. Im Juni 1997 kehrte Hale-Bopp in die Tiefen des äußeren Sonnensystems zurück, und er wird die Bewohner der Erde erst wieder in 2400 Jahren beglücken.

Es sei denn, der Schuster Knieriem hat recht und die Welt »steht« gar nicht mehr so lang …

Dichter und Tierfreund

Ignaz Castelli

Seine Lustspiele werden nicht mehr aufgeführt, seine Bücher nicht gelesen, seine Operntexte nicht gesungen. Die Gedanken und Gefühle aber, die er den wehrlosen Geschöpfen entgegenbrachte, leben weiter: Ignaz Franz Castelli, neben Nestroy und Raimund der bekannteste Volksdichter des Biedermeier, hat im Jahr 1846 den Wiener Tierschutzverein gegründet.

Hetzjagden auf Stiere, Bären und Löwen standen damals zum Gaudium des Publikums auf der Tagesordnung. Pferde, aber auch

Hunde mussten viel zu schwere Lasten schleppen. Tiertransporte wurden mit unvorstellbarer Brutalität durchgeführt – kurz: ein Verein zum Schutz missbrauchter Lebewesen war dringend notwendig.

Also bat Ignaz Castelli in einem Zeitungsaufruf alle Mitbürger, »denen die oft grausame Behandlung der Tiere ebenso nahegeht wie mir, sich wegen Gründung eines wohltätigen Vereins mit mir in Verbindung zu setzen«. 2500 Personen meldeten sich, und am 10. März 1846 wurde der *Niederösterreichische Verein gegen Misshandlung der Tiere* in Wien ins Leben gerufen.

Mehr als eineinhalb Jahrhunderte sind seither vergangen, aber Castellis Rede bei der Gründungsversammlung ist erschreckend aktuell geblieben. Protestierte er doch vehement »gegen den Transport der Kälber auf Wagen in gefesseltem Zustande«.

Wie schwer die Tierschützer es von Anfang an hatten, zeigt Castellis erste Aktion: Als sein Verein im Mai 1847 einen Karren anfertigen lässt, in dem Rinder »ungefesselt und der Breite nach stehend transportiert werden können«, findet sich kein einziger Viehhändler, der die Beförderung der Vierbeiner auf diese Weise durchführen will. Und das, obwohl der Tierschutzverein bereit ist, pro Wagen fünfzig Gulden zu zahlen – und der Umbau nur zehn Gulden kostet!

Ignaz Castelli gibt nicht auf. Zwar steht Tierquälerei auch damals schon unter Strafe, doch da die Täter fast nie verfolgt werden, wendet sich der neu gegründete Verein an Kaiser Ferdinand I., der die k. k. Polizeidirektion am 8. November 1847 anweist, »jede öffentlich begangene Tierquälerei zu bestrafen«. Nun kämpfen Castelli und seine tapferen Mitstreiter für die Abschaffung der damals so populären Tierhetze, gegen viel zu enge Käfige in den Zoos, gegen das Blenden der Vögel, gegen gequälte Hunde, die als Zugtiere eingesetzt werden, und immer wieder gegen den grausamen Transport von Kälbern und Lämmern.

1781 in Wien geboren, war Castelli nach absolviertem Philosophiestudium niederösterreichischer Landesbeamter und freier Schriftsteller. Er führte ein bewegtes Leben, musste 1805, als Napoleons Truppen Wien besetzten, nach Ungarn flüchten, da seine *Wehrmannlieder* gegen die Franzosen gerichtet waren. Als Autor des Volks-, des Kärntnertor- und des Burgtheaters hinterließ er rund zweihundert sehr wienerische Komödien, die Goethe immerhin veranlassten, Castelli »einen großen Dichter« zu nennen.

Schriftsteller und Gründer des Wiener Tierschutzvereins: Ignaz Castelli

Trotz seiner literarischen Erfolge widmet er, je älter er wird, dem Tierschutz immer mehr Zeit. Castelli bekämpft aus heutiger Sicht unvorstellbaren Missbrauch: 1852 protestiert der Verein gegen die Absicht des Luftschiffers Corwell, »zur Belustigung eines zahlungskräftigen Publikums in Wien aus einem Ballon in tausend Meter

Höhe ein eingeschnürtes Pferd mit einem Fallschirm abspringen zu lassen«. Worauf das Spektakel polizeilich verboten wird. Castelli erwirkt schärfere Strafen für Tierquäler und legt den Entwurf für ein neues Tierschutzgesetz vor.

Castelli war zweifellos ein Visionär, dessen Träume in Erfüllung gingen: Seit er den Wiener Tierschutzverein gründete, konnten von diesem rund eine Million Tiere gerettet werden. Castelli war der Erste, der das so wichtige Tiertransportgesetz, das 1990 in Kraft trat, gefordert hat.

Eines seiner Bühnenwerke wäre um ein Haar vor dem Vergessenwerden gerettet worden. Hatte Castelli doch 1823 das Libretto *Die Verschworenen* verfasst, zu dem Franz Schubert die Musik schrieb. Das Stück freilich fiel – wie so viele damals – der strengen Zensur zum Opfer.

Oberster Chef der Zensurbehörde war Wiens gefürchteter Polizeipräsident Josef Graf Sedlnitzky, dem der bekannt humorvolle Castelli einen argen Streich spielte, als er nämlich seine beiden Hunde Sedl und Nitzky nannte. Immer wenn sie beim Spaziergang einem Polizeiorgan begegneten, rief er ihnen laut vernehmbar Sedl-Nitzky nach.

Von den Wienern gern als »kleinbürgerlicher Casanova« bezeichnet, soll die Zahl der Liebschaften des ewigen Junggesellen Ignaz Castelli tatsächlich beachtlich gewesen sein, doch seiner Freundin Friederike Mayer war er über viele Jahre in Treue ergeben.

Kurz vor seinem Tod im Jahr 1862 zeigte der Achtzigjährige in seinen Memoiren auf, was der Schutz der Vierbeiner ihm bedeutete: »Ich habe in hohem Alter einen Verein gegen Misshandlung der Tiere gegründet, und dies eine erfreut mich mehr als alles das, was ich in meinem ganzen Leben zusammengebracht habe.«

»Ich sehe mit meiner Seele«
Die taubblinde Schriftstellerin Helen Keller

Für die einen ist es die schlimmste Vorstellung, taub zu sein. Andere meinen, blind zu sein wäre noch ärger. Helen Keller war beides, sie lebte in Dunkelheit und ewiger Stille. Und wurde eine bedeutende Schriftstellerin. Mit welcher Energie sie gegen ihr Schicksal ankämpfte, ist atemberaubend.

Helen kam 1880 in Tuscumbia im US-Staat Alabama als gesundes Kind zur Welt, ihre Eltern waren stolz, als sie mit einem Jahr *water* sagen konnte, wenn sie Durst hatte.

Die Tragödie begann, als sie neunzehn Monate alt war. Ihrem Kindermädchen fiel ein mit Gläsern gefülltes Tablett zu Boden, ohne dass Helen dabei erschrak. Gleichzeitig stellten die Eltern fest, dass sie ins Leere griff, wenn sie einen Gegenstand ertasten wollte. Ein herbeigerufener Arzt erkannte, dass Helen – vermutlich als Folge einer Gehirnhautentzündung – sowohl blind als auch taub geworden war. Und da sie noch nicht sprechen konnte, war sie praktisch auch stumm.

Es begannen vier Jahre »in einem Tal doppelter Einsamkeit«, wie Helen ihre Kindheit später beschreiben sollte: »Ich hatte eines Tages bemerkt, dass meine Mutter sich mit anderen Menschen nicht durch Zeichen verständigte, sondern mit ihrem Mund. Ich konnte das nicht begreifen und war ganz verwirrt. Ich bewegte meine Lippen und gestikulierte – natürlich ohne Erfolg. Dies machte mich so wütend, dass ich mit den Füßen stampfte und schrie, bis ich erschöpft war.«

Da die verzweifelten Eltern mit dem »unausstehlichen Kind« nicht zurande kamen, wandten sie sich an Alexander Graham Bell,

den Erfinder des Telefons, der im Zivilberuf Lehrer an einer Taub-
stummenschule war. Bell schickte der Familie die 21-jährige Anne
Sullivan ins Haus, die selbst blind zur Welt gekommen war, durch
eine Operation aber ein wenig Sehkraft gewonnen hatte.

Die ausgebildete Blindenlehrerin versuchte ihrem Schützling vorerst das Fingeralphabet beizubringen. Doch der Unterricht wurde
beiden zur Qual, denn während man Blinden im Normalfall die
Bedeutung eines Wortes akustisch erklären kann, war dies bei Helen
nicht möglich. Anne drückte ihr eine Puppe in die Hand und buch-
stabierte das Wort immer wieder mit ihren Fingern in Helens Hand-
fläche. Dann versuchte sie es mit Kuchen, Erde, Mutter, Vater,
Baby ... doch alle Mühe schien vergebens.

Erst als die Lehrerin Helens kleine Hand unter Wasser hielt und
das Wort durch das Fingeralphabet zu erklären versuchte, erinnerte
sich das Mädchen, dass es in der frühen Kindheit *water* gerufen
hatte. Und Helen verstand jetzt, dass es für jeden Begriff ein eigenes Wort gibt – das ihr ihre Lehrerin durch Berühren ihrer Handflä-
chen begreiflich machte.

Von da an ging alles ganz schnell. Ihr wacher Geist und ihr eiser-
ner Wille machten es möglich, dass Helen innerhalb kürzester Zeit
Hunderte Wörter beherrschte und mit zwölf Jahren in Blinden-
schrift ihre erste Erzählung niederschrieb.

Nun war klar, dass Helen über eine außergewöhnliche schriftstellerische Begabung verfügte. Sie besuchte das Gymnasium und pro-
movierte 1904 an der Radcliffe-Universität zum Doktor der Philoso-
phie. Anne saß im Hörsaal immer neben ihr, um mit dem
Fingeralphabet jedes Wort der Professoren für Helen zu übersetzen – die zu diesem Zeitpunkt bereits eine berühmte Frau war, da
eine Zeitschrift ab 1902 ihre *Geschichte meines Lebens* in Fortsetzun-

Meisterte ihr Leben mit Intelligenz und unglaublicher Zähigkeit: die taubblinde Schriftstellerin Helen Keller 1904

gen veröffentlicht hatte. Ganz Amerika nahm nun auch Anteil daran, wie sie auf äußerst komplizierte Weise zu sprechen lernte: Anne hatte Helens Hand auf ihr Gesicht gelegt, um sie die Stellung der Zunge und der Lippen fühlen zu lassen, wenn sie einen Ton hervorbrachte. Es dauerte Jahre, aber Helen sprach zuletzt einwandfrei und für ihre Zuhörer gut verständlich nicht nur Englisch, sondern auch Französisch und Deutsch.

Helen Keller hielt nun Hunderte Vorträge, in denen sie sich – wie in ihren Büchern – für die Rechte Behinderter, aber auch für Frauen, Schwarze und andere Menschen einsetzte, die von der Gesellschaft benachteiligt waren.

Mit dreißig war sie das erste und einzige Mal in ihrem Leben verliebt. Helen verbrachte mit ihrem Sekretär Peter Fagan ein paar glückliche Wochen, als dann aber Zeitungen über die »sensationelle Lovestory« berichteten, entließ ihre Mutter den jungen Mann aus seinem Posten. Helen wartete noch auf ihren heimlich gepackten

Koffern, um mit Peter durchzubrennen, doch der holte sie in der vereinbarten Nacht nicht ab.

In den 1950er-Jahren unternahm sie weitere Vortragsreisen, die sie nach Japan, Indien, Afrika, Südamerika und Deutschland führten. Helen Keller engagierte sich für den Weltfrieden und wurde, wo immer sie hinkam, als Staatsgast empfangen – in Washington von den Präsidenten Eisenhower und Kennedy, in London von Churchill, in Bonn von Adenauer. Sie stand aber auch in Kontakt mit Albert Einstein, Charlie Chaplin und ihrem Schriftstellerkollegen Mark Twain, der von ihr sagte: »Im 19. Jahrhundert gab es nur zwei bemerkenswerte Charaktere: Napoleon und Helen Keller.«

Sie selbst empfand sich ab dem Tag, an dem ihre Lehrerin Anne Sullivan in ihr Leben getreten war, nicht mehr als behindert. Sie starb am 1. Juni 1968, knapp vor ihrem 88. Geburtstag.

»Ich sehe«, hatte Helen Keller einmal erklärt, »mit meiner Seele.«

Wenn Dichter in den Krieg ziehen
Berühmte Schriftsteller als Berichterstatter im Feld

Eine Reihe bedeutender österreichischer Schriftsteller war dazu ausersehen, als Frontberichterstatter angehende Soldaten »für den Krieg zu begeistern«. Tatsächlich las man zwischen 1914 und 1918 in Zeitungen nur Jubelmeldungen über den Kriegsverlauf. »Wohl jenem Volk, das im Befehl leben darf«, stand da, das Essen im Feld sei »großartig« und man könne »liebliche Walzerklänge hören«. Krieg wurde – streng von der k. u. k. Zensur kon-

trolliert – als eine Art Urlaub in Galizien oder am Isonzo dargestellt.

Die meisten der an die Front entsandten Berichterstatter wurden
anfangs von einer gewaltigen Euphorie erfasst, sie erkannten jedoch
bald die Grausamkeit des Kriegsalltags. So auch der Dichter und
Reserveoffizier Alexander Roda Roda, der wie viele begeistert den
Schlachtruf »Serbien muss sterbien« anstimmte, später aber gegen
die Zensurbestimmungen der Heeresführung verstieß. Die erste
Verwarnung gab es für seine Reportage über einen russischen
Unteroffizier, der einem österreichischen Feldwebel das Leben
gerettet hat: Denn der Feind durfte nicht menschlich dargestellt
werden.

*Der Feind durfte nicht menschlich
dargestellt werden: Roda Roda
in seinen späteren Jahren*

Probleme bekam Roda Roda nach seinem Bericht über die Hinrichtung eines österreichischen Bauern, der dem Gegner durch
Morsezeichen militärische Geheimnisse verraten haben soll. Roda

Roda deckte auf, dass der angebliche Spion Analphabet war. Als zwischen den Zeilen immer mehr Zweifel an einem österreichischen Sieg auftauchten, wurde Roda Roda als Journalist aus dem Feld abgezogen.

Stefan Zweig und Rainer Maria Rilke meldeten sich zum (ungefährlichen) Dienst im Kriegsarchiv, Hugo von Hofmannsthal war kurze Zeit als Landsturm-Offizier in Istrien im Einsatz, ließ sich dann aber ins Kriegsfürsorgeamt versetzen, wo er Propagandatexte verfasste.

Weitere bekannte Frontberichterstatter waren Franz Molnár, Robert Musil, Franz Werfel und Egon Erwin Kisch. Der »rasende Reporter« weigerte sich standhaft, seine Berichte im Sinne der Kriegspropaganda zu verfälschen. Als er 1916 unter Umgehung der Zensur in Wiener und Berliner Zeitungen einen Augenzeugenbericht in Druck gab, der nicht der Verherrlichung der k. u. k. Armee diente, wurde Kisch »wegen unerlaubter Berichterstattung« zu zehn Tagen Arrest verurteilt.

Nicht verhindern konnte die Zensur, dass Kisch seine Erlebnisse an der serbischen Front feinsäuberlich notierte und nach dem Krieg veröffentlichte: »Zahllose Verletzte wurden an uns vorbeigetragen, auf dem Rücken oder von je zwei Leuten bloß auf Händen«, schreibt er. »Stöhnende, Schreiende, Zugedeckte, Blutende, Verbundene und Unverbundene. Leute, denen die Wange weggerissen war oder die Nase. Soldaten, die hinkten, und solche, deren Arm nur an Hautfetzen hing. Bäche von Blut flossen durch die engen Gänge. Durch den Geruch von Lehm, Blut und Schweiß und bloßgelegten Eingeweiden drangen die Schmerzensschreie, das Röcheln von Sterbenden.«

Das Gros der Kriegsreporter – die im Übrigen auch für Wochenschau-Filme von der Front zuständig waren – befolgte die Anweisungen der Zensur. Zu den höchstdekorierten Propaganda-Schreibern zählte eine Frau: Alice Schalek, »der einzige vom Kriegspressequartier zugelassene weibliche Berichterstatter«, gaukelte ihren Lesern siegreiche Schlachten vor und verherrlichte alles weit über das von der Armeeführung geforderte Maß. Während sie »den Daheimhockenden, die den Krieg aus der Zeitung erleben«, Verachtung entgegenbrachte, verharmloste sie in ihren Berichten die blutigen Kämpfe, um Soldaten den Marsch an die Front schmackhaft zu machen und besorgte Mütter in falscher Sicherheit zu wiegen.

»Was für eine Erleichterung ist ein Befehl«, berichtete Alice Schalek 1916 von der Isonzofront. »Wunderbar leicht kommt man durchs Feuer.« Zwar trifft die 42-Jährige hin und wieder »zwischen den Stellungen ganz mumifizierte, durchlöcherte Leichen«, doch ist es im Großen und Ganzen ein komfortabler Krieg, den sie den Lesern in der *Neuen Freien Presse* vorgaukelt: »Wir essen ganz tüchtig und schlafen prächtig und nächsten Mittag spielt die Militärmusik bei der Offiziersmesse auf. Im Freien wird gespeist, die Spargel schmecken gar köstlich, und süße Walzermelodien wetteifern mit Kuckuck und Specht.«

Der Erste Weltkrieg, von dem sie im lockeren Plauderton schreibt, als meldete sie sich von einem Hausfrauenkränzchen, hat 17 Millionen Menschenleben gefordert. Karl Kraus, der den Krieg in seinen Schrecken als einer der wenigen Literaten von Anfang an erkannte, warf Alice Schalek »Kriegsverherrlichung« vor, worauf sie eine Klage gegen ihn einbrachte (diese später jedoch wieder zurückzog).

Zu den Toten kamen zehn Millionen Verwundete, denen Arthur Schnitzler nach dem Krieg ein Denkmal setzte: »Man sagt, er ist für das Vaterland gefallen. Warum sagt man nie, er hat sich für das Vaterland beide Beine amputieren lassen?«

Ihre Aufgabe war es, den Krieg zu verharmlosen: Reporterin Alice Schalek

Ein tragisches Weltkriegsschicksal erlitt der aus Salzburg stammende Dichter Georg Trakl. Der studierte Pharmazeut wurde als Militärapotheker einberufen und musste im grausamsten Schlachtengetümmel ohne ärztliche Hilfe Schwerverwundete versorgen. Ständig den Tod der Kameraden vor Augen, erlitt der zu Depressionen neigende Poet in den »Todesgruben von Galizien« – die ihn zu seinen letzten Gedichten inspirierten – einen Nervenzusammenbruch. Er starb am 3. November 1914 im Alter von 27 Jahren im Krakauer Militärspital an einer Überdosis Kokain, wobei nie festgestellt wurde, ob es sich um einen Unfall oder um Selbstmord gehandelt hatte.

MUSIKALISCHES

Das Geheimnis der Stradivari

Die teuersten Geigen der Welt

Stradivari. Allein der Name klingt wie Musik. Man schätzt, dass es heute weltweit fünfhundert Instrumente gibt, die der berühmteste Geigenbauer aller Zeiten hergestellt hat. Mehr als zwanzig von ihnen befinden sich in Österreich.

Antonio Stradivari entstammte einer alten Familie aus der norditalienischen Stadt Cremona. Er wurde 1644 geboren und war Schüler von Nicolò Amati, einem anderen Giganten unter den Violinherstellern. Wie überhaupt fast alle großen Geigenbauer des 17. und 18. Jahrhunderts in Cremona zu Hause waren. Zu ihnen zählte neben Stradivari und Amati auch Giuseppe Guarneri.

Antonio Stradivari erreichte ein für die damalige Zeit ungewöhnlich hohes Alter. Er starb mit 93 Jahren und arbeitete fast bis zuletzt, wodurch der schon zu Lebzeiten weltberühmte Meister Gelegenheit hatte, in seiner Werkstatt mehr als tausend Instrumente anzufertigen – neben Geigen auch Violen, Celli und Mandolinen. Allerdings gehören nur die bis 1730 gebauten Stradivaris zur »goldenen Periode«.

Was aber ist das Geheimnis seiner Geigen?

Antonio Stradivari hatte sich im Alter von fünfzig Jahren von seinem Lehrer Amati abgenabelt und seine eigenen Modelle entwi-

Nahm das Geheimnis seiner Instrumente mit ins Grab: Antonio Stradivari mit einigen seiner weltberühmten Geigen

ckelt. Stradivaris Instrumente sind etwas größer, aus Ahorn-, Fichten- und Weidenhölzern gefertigt und mit bernsteinfarbenem Firnis lackiert. »Sie erzielen durch ihre sorgfältige Bauweise auch in großen Konzertsälen einen ausgewogenen Klang«, erklärt Rainer Küchl, der langjährige Konzertmeister der Wiener Philharmoniker, der auf einer Stradivari Chaconne aus dem Jahre 1725 spielt.

Generationen von Geigenbauern haben den Klang der Stradivari nachzuempfinden versucht. Da der Meister seine Gehilfen jedoch zeitlebens nur zu Handlangerdiensten herangezogen hatte, nahm er sein großes Geheimnis – das vor allem in der Präzision und in seinem Gefühl für das Material lag – mit ins Grab. Heute werden seine Geigen mithilfe von Computertomografien millimetergenau kopiert – ohne die Qualität des Originals zu erreichen.

Berühmte Virtuosen wie Anne-Sophie Mutter und Pinchas Zukerman spielen die »Primadonna unter den Geigen«, während andere auf die nicht minder niveauvolle Guarneri schwören. Da der Geigenbauer Giuseppe Guarneri nur 46 Jahre alt wurde, hat er weit weniger Violinen hinterlassen als Stradivari.

Guarneri war es auch nicht vergönnt, die Früchte seines Talents ernten zu dürfen. Der große Virtuose Niccolò Paganini hat den Klang der Guarneri erst Jahre nach dessen Tod entdeckt.

Maestro Gidon Kremer spielt auf einer Guarneri-Geige (die er einmal im Zugabteil auf der Fahrt von New York nach Baltimore vergaß, aber vor einem Konzert wiederbekam). Und der 1999 verstorbene Jahrhundert-Geiger Yehudi Menuhin besaß neben zwei Stradivaris auch eine Guarneri. Menuhin sagte über die Geige, dass sie »das wiedergibt, was jeder Mensch als bleibende Erinnerung in sich trägt: Die Stimme der Mutter, die ihr Kind in den Schlaf singt.«

Stradivaris und Guarneris erzielen heute am internationalen Musikmarkt bis zu sieben Millionen Euro. Wen wundert's, dass bei diesen Preisen zahllose Fälschungen in Umlauf sind. So gab es nach dem Zweiten Weltkrieg in Böhmen ganze Dörfer, deren Bewohner darauf spezialisiert waren, falsche Meistergeigen herzustellen. Stradivari-Etiketten wurden nachgedruckt, durch Kakao oder schmutziges Wasser gezogen und in billige Imitationen geklebt.

Selbst der große Paganini soll einmal auf eine Kopie hereingefallen sein. Er brachte dem Pariser Geigenbauer Vuillaume seine Guarneri del Gesù zur Überprüfung, worauf der ihm zwei Instrumente retournierte. Paganini wollte nun die falsche mit nach Hause nehmen.

Andere Kopisten erwiesen sich als weniger talentiert. Eines Tages tauchte in Oberösterreich eine »Stradivari« auf, deren Stempel die

Jahreszahl 1771 trug. Der Meister war zu diesem Zeitpunkt freilich schon seit über dreißig Jahren tot!

Neben Stradivari, Guarneri und Amati zählt auch ein Österreicher zu den bedeutendsten Geigenbauern der Barockzeit: der Tiroler Jacob Stainer. Er wurde in Cremona ausgebildet und kehrte 1656 in seinen Heimatort Absam zurück. Dort erzeugte er Instrumente, die einer Amati gleichkommen, jedoch nicht die Tragfähigkeit einer Stradivari besitzen. Die Stainer-Geigen gelten als erste Wahl für Kammermusik, für den großen Konzertsaal sind sie weniger geeignet.

Von den elf Kindern des Antonio Stradivari arbeiteten nur zwei Söhne in seiner Werkstatt. Sie starben wenige Jahre nach ihrem Vater, worauf der familieneigene Betrieb um 1750 geschlossen wurde. Damit war aber auch das Ende der Blütezeit unter den Geigenbauern von Cremona gekommen.

Einen ebenbürtigen Nachfolger hat Antonio Stradivari nie gefunden.

Ein Österreicher, den man nur in Frankreich kennt
Der Komponist Ignaz Pleyel

Schon einmal den Namen Ignaz Joseph Pleyel gehört? Wohl kaum. Dabei sind in Paris und in anderen französischen Städten ganze Straßenzüge nach ihm benannt. Denn der aus einem winzigen Dorf im Weinviertel stammende Komponist zählt immer noch zu den Helden der Französischen Revolution.

Ignaz Pleyl, wie er ursprünglich hieß, wurde 1757 als Sohn des Schulmeisters von Ruppersthal bei Tulln geboren. Von siebzehn

Kindern der Familie überlebten nur vier, eines war Ignaz, dessen musikalisches Talent früh erkannt wurde, sodass er das Kompositionsstudium bei Joseph Haydn in Eisenstadt absolvieren konnte.

Nach der Uraufführung seiner ersten – offenbar etwas zu lang geratenen – Oper *Was Damen gefällt* im Jahr 1776 erhält der neunzehnjährige Ignaz Pleyl von Christoph Willibald Gluck den Rat: »Junger Freund, du verstehst sehr gut, Noten auf das Papier zu setzen, jetzt musst du noch lernen, wie und wann sie zu tilgen sind.«

Da sich der Komponist zu Höherem berufen fühlt, ändert er seinen österreichischen Familiennamen Pleyl in ein etwas internationaler klingendes Pleyel. Mozart, der sein Talent erkannte, schreibt an seinen Vater Leopold: »Wenn Sie Pleyels Quartette nicht kennen, so suchen Sie sie zu bekommen; es ist der Mühe werth. Sie sind sehr gut geschrieben und sehr angenehm.«

Im Jahr 1791, während der Französischen Revolution, ist Pleyel als bischöflicher Domkapellmeister in Straßburg tätig. Er komponiert eine Freiheitshymne, die bei den Revolutionsfeiern zur Uraufführung gelangt. Pleyel dirigiert Hunderte Musiker aller verfügbaren Regimentskapellen, die von Chören und Kirchenglocken unterstützt werden, und fällt am Ende des achtstündigen Monsterspektakels – überwältigt von der Wucht des Dargebotenen – in Ohnmacht. Im Chaos der Revolution und ihrer Folgen wird Pleyel als »Bürger des Kriegsgegners Österreich« irrtümlich verhaftet. Und das, obwohl er bei den Revolutionären überaus angesehen ist. Der Guillotine entgeht er nur, weil er im Gefängnis einen weiteren Revolutionsmarsch schreibt. Nach seiner Freilassung und Rehabilitierung findet sich sein Name auf einer Ehrenliste von Komponisten, »die mit ihren Werken den Ruhm der Revolution verbreitet« haben.

*Entging der Guillotine, weil
er einen Revolutionsmarsch
komponierte: Ignaz Pleyel*

Pleyel heiratet eine Französin, mit der er – bald Vater eines kleinen Buben – nach Paris übersiedelt. Wo ihn nun das Schicksal von der Gegenseite ereilt: Als man Haydn im Sommer 1800 ersucht, in der französischen Metropole seine *Schöpfung* zu dirigieren, bittet man Pleyel, die an seinen ehemaligen Lehrer gerichtete Einladung persönlich zu überbringen. Doch jetzt werden dem »französischen Bürger« Pass und Einreise nach Österreich verwehrt.

In Paris ist Pleyel nicht nur als Komponist, sondern auch als Geschäftsmann überaus erfolgreich. Er gründet einen Musikverlag und eröffnet eine Klavier- und Harfenfabrik. »Pleyels Klaviere sind non plus ultra«, schreibt Frédéric Chopin, der 1832 bei Pleyel ein gefeiertes Konzert gab. Heute noch zählen Pleyels – wie Steinway und Bösendorfer – zu den angesehensten Klavieren der Welt.

1824 übergibt Ignaz Pleyel die Firma seinem Sohn Camille, der später in Paris mit der *Salle Pleyel* einen der angesehensten Konzert-

säle der Welt errichtet. Klaviervirtuosen von Franz Liszt bis
Artur Rubinstein sind in der mittlerweile legendären *Salle Pleyel*
aufgetreten.

Ignaz Pleyel stirbt am 14. November 1831 im Alter von 74 Jahren
in Paris.

Während in Frankreich jedes Kind seinen Namen kennt, ist er in
Österreich ziemlich unbekannt. Doch in seiner Heimatgemeinde
Ruppersthal – heute ein Ortsteil von Großweikersdorf – wurde
1995 die Internationale Ignaz Joseph Pleyel Gesellschaft gegründet.
Ein wenig Hoffnung also, dass man den Österreicher irgendwann
auch in Österreich kennen wird.

Im Schatten der »Sträusse«

Joseph Lanner, der Erfinder des Dreivierteltakts

Mozartkugeln, Karajan, Freud, Lipizzaner, Wiener Philharmoniker. Es gibt vieles, womit Österreich in der Welt iden-
tifiziert wird. Und doch zählt nichts so sehr wie der Dreivierteltakt. Für ihn steht ein Name: Johann Strauss – zweifellos der
Genialste unter den Walzerkomponisten. Erfunden hat den Dreivierteltakt aber ein anderer. Er hieß Joseph Lanner und konnte
sich nie aus dem Schatten der Strauss-Dynastie befreien.

Walzer gab es schon vor Lanner, doch sie waren steif und wurden
von den jungen Leuten eher als Strafverschärfung denn als Vergnügen empfunden. Lanner war es, der die Leichtigkeit des Dreivierteltakts entdeckte und damit den Tanz aus den Adelspalästen in die

Vorstadt holte. Erst jetzt trat der Wiener Walzer seinen Siegeszug um die Welt an.

Joseph Lanner, dem wir den Ursprung dieser so wienerischen Klänge verdanken, kam am 12. April 1801 als Sohn eines Handschuhmachers in Wien zur Welt. Ohne je eine musikalische Ausbildung erhalten zu haben, wurde der zwölfjährige Bub aus der Vorstadt St. Ulrich als Geiger in die Kapelle des Michael Pamer geholt, die im Gasthaus Zur goldenen Birne auf der Landstraße aufspielte.

Als er achtzehn war, gründete Lanner ein Trio, das er bald um einen Violaspieler erweitern wollte. Er fand einen – sein Name war Johann Strauss (Vater). Die beiden freundeten sich an, erkannten ihre Leidenschaft für die wienerischen Tänze und ergänzten einander genial.

Die Musiker der Vorstädte wurden damals »Bratelgeiger« genannt, weil sie als Gage in den Wirtshäusern pro Abend oft nicht mehr als ein Stück gebratenes Fleisch bekamen. Strauss hatte als Jüngster der Kapelle die Aufgabe, nach jeder Darbietung mit einem Teller durch das Lokal zu gehen, um für die Musiker ein paar zusätzliche Münzen einzusammeln.

Allzu viele waren's wohl nicht, weshalb Lanner und der um drei Jahre jüngere Strauss »auf der Laimgrube« ein gemeinsames Zimmer bezogen. Zeitweise waren sie so arm, dass sie zusammen nur ein Hemd besaßen. In dieser Zeit konnte immer nur einer ausgehen und der andere blieb zu Hause.

Die triste Situation änderte sich schlagartig, als Lanner und Strauss 1824 mit drei anderen Musikern ihren Einstand im Garten des Prater-Cafés feierten. Das nunmehrige Quintett fand hier sein Publikum und wurde ständig um Zugaben gebeten, sodass den

Musikern innerhalb kürzester Zeit das Repertoire ausging. Da beschloss Lanner, eigene Stücke zu schreiben – Strauss Vater komponierte damals noch nicht.

Er komponierte noch
vor Johann Strauss Vater:
Joseph Lanner

Die Melodien entstanden im Eiltempo: »Ein neues Musikstück, das für den Abend angekündigt war, existierte am Morgen noch nicht«, schreibt Johann Strauss Sohn. »Lanner, der Leichtlebige, produzierte fast immer so. Da widerfuhr es ihm einmal, dass er sich morgens leidend und arbeitsunfähig fühlte. Er schickte meinen Vater hin mit der Botschaft: ›Strauss, schau zu, dass dir was einfällt!‹«

So entstand der erste Strauss-Walzer, der 1824 – noch unter dem Namen Joseph Lanners – uraufgeführt wurde.

Das »Lanner-Orchester« aber war bald so gefragt, dass es sich zweiteilte, um an mehreren Plätzen gleichzeitig spielen zu können. Die eine Kapelle wurde von Lanner dirigiert, die andere von Strauss.

Doch ein Musikgenie wie Strauss Vater konnte nicht lange die Nummer zwei bleiben. Da er ebenso gut ankam wie Lanner, gründete Johann Strauss im September 1825 sein eigenes Orchester.

Die Trennung der beiden Musiker verlief brutal. Bei der letzten gemeinsamen Vorstellung im Tanzsaal Zum Bock auf der Wieden kam es zu einer Wirtshausrauferei, in deren Verlauf Musikinstrumente und Fensterscheiben zerschlagen wurden.

Zwar dauerte der »Walzerkrieg« der nunmehrigen Konkurrenten nicht lange an – Lanner schrieb sogar einen liebevollen *Trennungs-Walzer* –, doch die Wiener waren jetzt in zwei musikalische Lager geteilt. Die »Lannerianer« besuchten nur die Lokale, in denen der eine geigte und dirigierte, die »Straussianer« die des anderen.

In Wien freilich war genug Platz für zwei große Tanzkapellen. Joseph Lanners Werke – allen voran sein *Schönbrunner Walzer* – waren damals genauso populär wie die von Strauss. Jedes der beiden Orchester hatte in der Ballsaison bis zu zweihundert Mann und spielte, umjubelt von seinen Fans, in allen großen Konzertsälen der Stadt auf. Im Paradeisgartl wie beim Sperl, in den Apollosälen und beim Dommayer in Hietzing, aber auch in den Redoutensälen der Hofburg.

Fürs Privatleben hatten die beiden Musikgenies weniger Talent. Lanner war mit der Wienerin Franziska Jahns verheiratet, doch wie die Ehe von Johann Strauss Vater zerbrach auch diese. Lanner zog nun mit der Fleischhauerstochter Maria Kraus zusammen.

Und wie Strauss Vater hatte auch Lanner drei hochbegabte Kinder. Doch da sie alle in jungen Jahren starben, war es dem Komponisten nicht vergönnt, dass sein Name in ihnen fortleben konnte.

Joseph Lanner, der mit der Erfindung des Dreivierteltakts dem Sohn seines Rivalen Johann Strauss die Wege ebnete, um als unangefochtener Walzerkönig in die Musikgeschichte einzugehen, stand zum letzten Mal am 21. März 1843 in Dommayers Casino am Dirigentenpult. Er starb drei Wochen später, nur 42 Jahre alt – wie so viele Menschen damals – durch verseuchtes Trinkwasser an Typhus. Eine »Walzerdynastie Lanner« ist ihm – und uns – versagt geblieben.

Wohnen in Lehárs Schlössl
Zu Besuch im historischen Anwesen des Komponisten

Hier hat Franz Lehár gewohnt und vor ihm Mozarts Freund Schikaneder. Heute gehört das verwunschene Schlössl am Stadtrand von Wien der ehemaligen Haushälterin der Familie Lehár.

»Mein Mann hat im Februar 1951 in der damaligen Tageszeitung *Neues Österreich* ein Inserat gelesen, in dem ein ›Ehepaar mit Führerschein‹ gesucht wurde, das sich um Haushalt und Garten eines alten Generals kümmern sollte«, erzählt Hermine Kreuzer. Sie und ihr Mann meldeten sich aufgrund der Annonce bei General Anton Lehár, dem Bruder des Komponisten, und beide wurden aufgenommen.

Mehr als zehn Jahre lang kümmerte sich das Ehepaar Kreuzer um den General und seine Frau, und als der alte Herr 1962 starb, wurden Erich und Hermine Kreuzer zur Testamentseröffnung geladen. »Wir fielen aus allen Wolken, als uns der Notar mitteilte, dass uns der General aus Dankbarkeit für die treuen Dienste das Schlössl vermacht hat.«

Ein kleines Schloss mit großer Geschichte: Hier lebten sowohl Emanuel Schikaneder als auch Franz Lehár.

Es ist ein kleines Schloss mit großer Geschichte, das der Gärtner und die Haushälterin geerbt haben. Errichtet in seinen Ursprüngen im 16. Jahrhundert, gehörte es acht Jahre lang Emanuel Schikaneder, dem Librettisten der *Zauberflöte*, sechzehn Jahre dem Komponisten Franz Lehár und vierzehn Jahre dessen Bruder, General Anton Lehár. Dazwischen lebte hier noch ein gutes Dutzend meist adeliger Herrschaften, aber niemandem gehörte das Schlössl auch nur annähernd so lange wie Frau Kreuzer: Sie ist auf dem Anwesen seit 70 Jahren zu Hause, und seit 59 Jahren befindet es sich in ihrem Besitz.

243

Hermine Kreuzer, deren Mann bereits verstorben ist, führt mich durch die ehrwürdigen Räume in der Nußdorfer Hackhofergasse und zeigt mir ihre Schätze. Da hängen Bilder, Handschriften und Theaterprogramme der beiden prominentesten Vorbesitzer Schikaneder und Lehár, da befinden sich Originalsessel und -kostüme der *Zauberflöten*-Uraufführung, ein Tragsessel, auf dem Schikaneder ins Theater getragen wurde, da stehen Lehárs Klavier und sein Schreibtisch, auf denen er *Die lustige Witwe* komponierte. In einer Vitrine liegt Lehárs Taschenuhr und ein Taktstock (den er nie verwendet hat, weil er zu schwer zum Dirigieren war). Und Frau Kreuzer zeigt mir die schlosseigene Hauskapelle, in der der weltberühmte Tenor Richard Tauber 1936 geheiratet hat – mit Franz Lehár als Trauzeugen.

Als das Ehepaar Erich und Hermine Kreuzer das verwunschene Schlössl am Rande der Nußdorfer Weinberge übernommen hatte, war die Sorge mindestens so groß wie die Freude: Wie sollten sie das wertvolle Erbe erhalten? Das Gebäude ist achthundert Quadratmeter groß, der Garten 2500 Quadratmeter.

»Es war nicht leicht, aber wir haben es geschafft«, sagt Frau Kreuzer. »Mein Mann und ich blieben in der kleinen Dienstbotenwohnung und haben den Großteil des Hauses vermietet.« Außerdem führt Hermine Kreuzer auch heute noch mit ihren 97 Jahren – gegen Voranmeldung – persönlich durch die Prunk- und Arbeitsräume Schikaneders und Lehárs und veranstaltet im Sommer Hauskonzerte. »Die Führungen und Konzerte machen mir große Freude und geben mir viel Kraft«, sagt sie. »Die Leute kommen aus aller Welt, um das Schlössl zu besichtigen.« Jedes Jahr werden rund tausend Besucher gezählt.

Emanuel Schikaneder hatte das Schlössl von den Einnahmen der *Zauberflöte* gekauft und hier von 1803 bis knapp vor seinem Tod

Komponierte bei versperrten Türen im Dachgeschoß: Franz Lehár

1812 gewohnt. Franz Lehár erwarb das Anwesen 1932 – vermutlich mit den Tantiemen der Erfolgsoperette *Das Land des Lächelns*.

Natürlich weiß Frau Kreuzer bei ihrer Führung durch das Schlössl auch mit so manchem G'schichterl aufzuwarten: Franz Lehár liebte seine Frau Sophie zwar, doch für seine Arbeit brauchte er absolute Ruhe. Das ging so weit, dass er sich im Dachgeschoß eine Mansarde bauen ließ, in der er bei versperrten Türen komponierte. In diesen Räumen entstand 1933 seine Operette *Giuditta*.

Das Ehepaar Lehár verließ das Schlössl im Kriegsjahr 1944, um in seine Villa in Bad Ischl zu ziehen, in der der Meister der Silbernen Operette 1948, ein Jahr nach seiner Frau, starb.

Franz Lehárs Haupterbin war seine Schwester Emmy – die durch die enormen Tantiemenzahlungen aus aller Welt zu einem gigantischen Vermögen gelangte –, doch das Schlössl bekam sein Bruder Anton von Lehár, der 1921 an der Seite von Ex-Kaiser Karl erfolglos für die Wiederherstellung der Monarchie gekämpft hatte. Da sowohl Franz als auch Anton Lehár kinderlos blieben, fiel das Schikaneder-Lehár-Schlössl dem Ehepaar Kreuzer zu. Hermine hat den »Herrn Baron«, wie sie Anton Lehár heute noch nennt, in bester Erinnerung, »er hat uns wie seine eigenen Kinder behandelt«.

Auch Hermine Kreuzer hat keine Kinder, doch wie es mit dem Schlössl in Wien-Nußdorf weitergeht, ist längst geregelt. Erben sind »jüngere Leute, die sich verpflichtet haben, dass das Haus weiterhin öffentlich zugänglich bleibt«.

OHNE KAISER
GEHT'S NICHT III

Horror-Weihnachten im Kaiserhaus

Ein stimmungsloses Fest bei den Habsburgern

M an stellt sich Weihnachten im Haus Habsburg als beschauliches Fest vor, bei dem der Kaiser, Gemahlin und Kinder um einen prachtvollen Baum stehen, charmant miteinander plaudern und sich der liebevoll ausgesuchten Geschenke erfreuen. Jedoch, es war ganz anders. Wer Weihnachtspost, Tagebucheintragungen und Aussagen von Anwesenden solcher Festivitäten studiert, erfährt, dass der Heilige Abend bei Kaisers ein einziger Horror war.

»Steif und kühl«, schreibt Erzherzogin Marie Valerie, die jüngste Tochter des Kaiserpaares, zu Weihnachten 1887 in ihr Tagebuch. »Man speist in peinlicher Ungemütlichkeit und ist froh, wenn man sich um sieben Uhr trennen und den heiligen Christabend wie jeden andern beschließen kann«.

Von Weihnachtsstimmung, menschlicher Wärme oder familiärem Zusammenhalt ist in all den erhalten gebliebenen Aufzeichnungen keine Rede, ganz im Gegenteil: Die Atmosphäre war eiskalt, es kamen keine Gespräche auf, man hatte sich nichts zu sagen.

Dabei zählten für Kaiser Franz Joseph Geburtstags- und Weihnachtsfeiern zu den seltenen Anlässen, seiner Sisi zu begegnen.

248

*Weihnachtsabend in der Hofburg: Erzherzogin Marie Valerie, Kaiser Franz
Joseph, Kronprinz Rudolf, Prinz Leopold von Bayern, seine Frau Erzherzogin
Gisela sowie Kaiserin Elisabeth (von links nach rechts)*

Doch kaum war der Heilige Abend vorbei, war Elisabeth schon wieder auf Reisen – womit sich der Kaiser allerdings bald zu arrangieren wusste. So kündigt er Katharina Schratt am 24. Dezember 1888 an, dass er demnächst über eine »sturmfreie Bude« verfügen würde, was er natürlich etwas nobler formulierte: »Liebe gnädige Frau, übermorgen reist die Kaiserin auf 8–10 Tage nach München und ich bin wieder Strohwitwer.«

Franz Joseph schlägt der geliebten Freundin in demselben Brief ein Treffen vor und schreibt auch, mit welchen Geschenken er sie diesmal beglücken will: »Nebst Bonbonniere erlaube ich mir, Ihnen mitfolgendes Bracelet zum Christbaum zu Füßen zu legen.«

So frostig die Stimmung auch war, sollte es das letzte Weihnachtsfest sein, das die kaiserliche Familie noch einigermaßen entspannt feiern konnte. Denn es war das Fest vor Mayerling, nur einen Monat später schied Rudolf, der einzige Sohn des Kaisers, aus dem Leben. Eine Katastrophe, die beim letzten Weihnachtsfest des Kronprinzen bereits ihre Schatten vorauswarf. Jedenfalls berichtete Elisabeths Hofdame Gräfin Marie Festetics dem Historiker Heinrich Friedjung, dass Rudolf an jenem Heiligen Abend 1888 einen Zusammenbruch hatte, den aber niemand in der Familie wirklich ernst nahm: Die Kaiserin wusste, »wie der Kronprinz zerrüttet sei, anlässlich der Szene, die sich zu Weihnachten vor seinem Tode abspielte«. Elisabeth forderte ihren Sohn an diesem Weihnachtsabend auf, er möge sich, wenn seine Eltern einmal tot wären, um seine Schwestern kümmern. »Da fiel ihr der Kronprinz um den Hals und brach in ein langes, nicht zu stillendes Schluchzen aus, durch das die Kaiserin tief erschreckt wurde. Es war das wohl ein Vorzeichen der Katastrophe, die sich vorbereitete. Die

Kaiserin und auch der Kaiser brachen in Tränen aus. Doch man maß auch seinen Äußerungen, dass es mit ihm zu Ende gehe, nicht die Bedeutung bei, die ihnen zukam und erinnerte sich ihrer erst später.« Die Gräfin meinte, dass der schwer depressive Kronprinz bei seiner Familie keine Hilfe fand.

Noch trister war der Heilige Abend naturgemäß im Jahr eins nach Mayerling. »O lieber Gott, wie traurig ist unser Familienleben«, notiert Marie Valerie zur Weihnacht 1889. »Papa hat so wenig Interessen mehr und ist schwerfälliger und kleinlicher geworden … Zusammensein meiner Eltern fortwährend aus kleinen, aber unglaublich aufreibenden Peinlichkeiten zusammengesetzt. Mama klagt mir ständig ihr Leid. Und ich sehe Papa nicht mehr mit den Augen schwärmender Begeisterung an.« Marie Valerie schreibt auch, dass die Kaiserfamilie »unter dem Christbaum vor Verlegenheit und Fremdheit keinerlei Gespräch« zustande brachte.

Und noch ein schrecklicher Weihnachtsabend – im Jahr 1898, drei Monate nach der Ermordung der Kaiserin. Als Marie Valerie ihrem Vater eine Vase reichte, die Elisabeth noch in München als Geschenk für ihren Mann ausgesucht hatte, begann Franz Joseph bitterlich zu weinen.

Die Tochter des Kaisers lernte die Schönheit des Festes erst kennen, als sie verheiratet war und ihre eigene Familie hatte: »Welch ein Kontrast gegen die Christbäume in der Hofburg, wo alles so steif und peinlich war.«

Die Habsburger waren sich ihrer herausragenden Stellung von frühester Kindheit an bewusst. Franz Josephs Mutter Sophie hinterließ uns, dass die kleinen Erzherzöge zu Weihnachten 1868 bereits »Regierung spielten«: Ihr zehnjähriger

Enkel Rudolf erhebt den fünfjährigen, in einem großen Fauteuil sitzenden Franz Ferdinand zum König. »Er und alle anderen sind die Minister. Nun tritt der Kronprinz vor und fragt: ›Welche Statthalter wollen Eure Majestät ernennen?‹ Franz Ferdinand will aufstehen, macht das aber recht ungeschickt und fällt zu Boden. Tolles Gelächter, Rudolf aber sagt bedenklich: ›Das ist kein gutes Vorzeichen, wenn Eure Majestät vom Throne fällt.‹«

Doch das Unglück hatte seinen Lauf viel früher schon genommen. Der kleine Erzherzog Franz Joseph, der einmal Kaiser werden sollte, bekam am Heiligen Abend 1833, ganze drei Jahre alt (!), nicht nur eine maßgeschneiderte Offiziersuniform des Regiments »Kaiserinfanterie« geschenkt, sondern auch eine komplette Zinnsoldaten-Armee mit Gewehren, Fahnen und Trommeln, mit der der Knirps leidenschaftlich gerne »Krieg spielte«. »Er nimmt die Sache vollkommen ernst«, schreibt Franz Josephs Biograf Egon Caesar Conte Corti, »und bemüht sich, in großen Schritten durch das Zimmer zu marschieren, wie es eben Soldaten tun«.

Es war derselbe Franz Joseph, der in reifen Jahren mehrere Kriegserklärungen unterschrieb, deren letzte das Ende seines Reichs zur Folge hatte.

Otto und seine berühmten Ahnen

Ein Habsburger über die Habsburger

A ls ich Otto von Habsburg, den Sohn des letzten Kaisers, einmal über die Bedeutung seiner Vorfahren befragte, kam bei
ihm nicht nur das profunde Wissen des Historikers zum Vorschein, er war auch der Letzte, der persönliche Erlebnisse und
Details aus der ihm überlieferten Familientradition weitergeben
konnte. Und er war durchaus bereit, einzelne Stationen des Hauses Habsburg kritisch zu sehen.

• *Otto von Habsburg über Kaiser Franz Joseph (1830–1916):* »Für mich
als Kind war die Autorität, die der alte Mann ausstrahlte, phy-
sisch spürbar. Das Besondere war, dass ihm jeder nahekommen
konnte. Er hat in seinem Leben Zehntausende Menschen in Audienz empfangen. Und trotz dieser Nähe zur Bevölkerung war er
nicht gezwungen, sich ständig beschützen zu lassen. Es wäre
heute undenkbar, dass ein Staatsoberhaupt ohne Polizeibeglei-
tung Tag für Tag durch seine Hauptstadt fährt, um den Ort seiner
Arbeit zu erreichen.

Aber natürlich, wie jeder Mensch, der handelt, hat Kaiser Franz
Joseph Fehler begangen, sicherlich sehr weitreichende Fehler. Ich
spreche über den Weg, der zum Ersten Weltkrieg führte. Man darf
dabei aber auch nicht vergessen, dass die Sache schon sehr weit
entwickelt war, ein Krieg lag einfach in der Luft. Die Leute haben
im Jahr 1914 nicht gewusst, was ein Krieg wirklich bedeutet, weil's
damals schon so lange keinen mehr gegeben hat, und daher sind
sie viel leichter in diese Katastrophe hineingeschlittert.«

»Dahinter stand sein charakterlicher Verfall«: Otto von Habsburg über Kronprinz Rudolf

♦ *Über Kaiserin Elisabeth (1837–1898):* »Meine Mutter hat mir gesagt, und sie muss es wirklich gewusst haben, dass das eigentlich eine sehr gute Beziehung war zwischen Elisabeth und Kaiser Franz Joseph. Die Ehe war nur deswegen eigenartig, weil die Kaiserin viel in der Welt herumgereist ist. Aber an sich hat sie der Kaiser bis zuletzt geliebt und sie ihn auch. Ihr Tod war einer der härtesten Schläge, die Kaiser Franz Joseph erfahren hat. Besonders, weil es so unerwartet gekommen ist.«

♦ *Über Kronprinz Rudolf (1858–1889):* »Es war eine tragische Entwicklung, die aus seiner Persönlichkeit zu erklären ist. Dahinter stand ganz eindeutig sein charakterlicher Verfall. Er war ein hochintelligenter Mensch, nicht immer mit dem richtigen Urteil, aber das ist ja bei hochintelligenten Menschen oft der Fall. Er war außerdem jemand, der in sich nicht gefestigt war. Und daher ist die Logik förmlich drinnen in der Tragödie, die schließlich nach Mayerling führte.«

• *Über Kaiser Maximilian von Mexiko (1832–1867):* »Also, er war natürlich schon ein bisschen ein Romantiker. Sein Bruder, der Kaiser Franz Joseph, hat ihm ja abgeraten, auf dieses Abenteuer mit der mexikanischen Krone einzugehen. Ich muss Ihnen auch eine ganz persönliche Erfahrung erzählen, die mich damals tief beeindruckt hat. Ich war einmal in Mexiko, und da haben die Leute, weiß der Himmel woher, auf einmal erfahren, dass ich ein Verwandter von Kaiser Maximilian bin – es war unglaublich, wie alle diese Indianer zu mir gekommen sind und gesagt haben, was er für sie alles getan hat. Ich meine also, dass er in Mexiko doch sehr viel geleistet haben muss. Umso tragischer ist sein furchtbares Ende« (er wurde nach seiner Absetzung standrechtlich erschossen, Anm.).

• *Über Erzherzog Franz Ferdinand (1863–1914):* »Er war sicher ein Mann von einer sehr klaren Vision, der aber für einen Thronfolger vielleicht etwas zu aufrichtig in seinen Äußerungen gewesen ist. Er wäre, davon bin ich überzeugt, ein großer Herrscher geworden, hätte er die Möglichkeit dazu gehabt. Wenn er dieses besondere Verständnis für die Slawen und die Liebe zu ihnen nicht gehabt hätte, dann wäre er in Sarajevo nicht ermordet worden.«

• *Über Kaiser Karl V. (1500–1558):* »In seinem Reich ging zwar die Sonne nicht unter, aber er war stets von Widersachern bedroht.

Er war ein Mensch des Mittelalters, doch seiner Zeit so weit voraus, dass ihm erst unsere Zeit, das 20. und das 21. Jahrhundert, mit dem Ende der nationalstaatlichen Irrwege gerecht wird.«

- *Über Maria Theresia (1717–1780):* »Sie war einfach grandios. Auch wenn an erster Stelle ihrer Handlungen das Bewahren stand, hat sie durch die Nähe zu ihren Völkern Großes bewirkt. Außerdem war sie ja schon aus ihrer Persönlichkeit heraus sozusagen die Mutter von ganz Europa, und sie hat daher weit über unsere Grenzen und über ihre Zeit hinaus gestrahlt.«

- *Über Kaiser Joseph II. (1741–1790):* »Während Maria Theresia aus dem Barock kam und das in ihrer ganzen Persönlichkeit spürbar ist, war Joseph II. ganz anders. Ein sehr rational denkender Mensch, der für das Barocke keinen Sinn hat. Er ist ein Mann seiner Zeit, ein hochgradig talentierter Mensch, einer, der sehr große Ideen hatte, die weit über seine Epoche hinausgingen, der aber einen Grundfehler der Politik gemacht hat, der in den Jahrhunderten immer wieder passiert: Man versucht den zweiten Schritt vor dem ersten zu tun. Die ganze Tragödie von Joseph II. ist, dass er als Kaiser alles überstürzt versucht hat und dass er daher nicht die Gelassenheit hatte, die seiner Mutter gegeben war.«

- *Über Kaiser Karl (1887–1922):* »Es wird immer wieder die nette Legende erzählt, mein Vater sei unerwartet Kaiser geworden. Das ist vollkommen falsch, er war sogar sehr gut vorbereitet. Allerdings hat er als Kaiser eine Funktion übernehmen müssen, die absolut unerfüllbar war.

Ein Schriftsteller hat ihn einmal mit einem Piloten verglichen, der in einem Flugzeug sitzt, von dem ein Teil des Flügels schon abgerissen ist, der aber versucht, dieses Flugzeug zu halten, um die Passagiere zu retten. Aber es geht nicht, weil es schon verloren ist. Das ist vielleicht das beste Bild von der Rolle und von der Tragik, die meinem Vater widerfahren ist.«

Qualtinger intim

»Ich schlepp ihn über die Runden«

Aus den privaten Briefen der ersten Frau Helmut Qualtingers

Leomare Qualtinger war dreißig Jahre mit Helmut Qualtinger verheiratet. Die Schriftstellerin und Journalistin hat als seine erste Frau viele Höhen und Tiefen im Leben des Ausnahme-künstlers mitgemacht, war ihm Geliebte und Muse, die Mutter seines Kindes, sichtete Texte, die man ihm anbot, beriet ihn in künstlerischen Fragen. Fast ein Jahrzehnt dieser Zeit hat sie ihrer engen Freundin, der aus Wien stammenden und in Los Angeles lebenden Anastasia Hacker, viel Privates über ihren genialen, aber nicht ganz einfachen Mann geschrieben. Der erste Brief wurde am 22. Oktober 1964 verschickt, der letzte am 9. Mai 1973.

Anastasia Hacker, die mit dem weltberühmten Psychiater Friedrich Hacker verheiratet war, hat die fünfzig eng beschriebenen, meist mit Schreibmaschine auf dünnem Luftpostpapier getippten, bis zu vier Seiten langen Briefe ihrer Freundin Leomare aufgehoben und mir vor ihrem Tod im Jahr 2015 anvertraut. »Schau dir an, was mir die Leomare geschrieben hat«, sagte sie. »Die Leomare war meine beste Freundin und erzählt in den Briefen viel über den Qualtinger, über das Zusammenleben und die großen Probleme mit ihm, übers Theater und das Gesellschaftsleben in Wien. Du bist der Einzige, der etwas damit anfangen kann.«

Lange habe ich mich gescheut, die wie ein Tagebuch geführte Korrespondenz zu veröffentlichen, weil sie sehr Intimes preisgibt. Ich ließ das Konvolut mehrere Jahre in meinem Archiv liegen, eingeordnet unter »Qu« wie Qualtinger, weil mir vieles zu persönlich schien. Etwa wenn Leomare über Qualtingers Alkoholprobleme schreibt oder über die Qualen des Schauspielberufs mit einhergehenden Depressionen und schließlich über sein Fremdgehen und das Scheitern ihrer Ehe. Der Stil der brillanten Schreiberin ist prägnant, offenherzig und pointiert.

Nun sind fast alle in den Briefen vorkommenden Hauptpersonen nicht mehr am Leben. Alle bis auf Christian Qualtinger, den Sohn von Leomare und Helmut Qualtinger. Und Vera Borek, die zweite Frau Helmut Qualtingers. Beide waren, nachdem ich ihnen das Konvolut zu lesen gab, mit der Veröffentlichung einverstanden.

Der Schriftverkehr stellt den bisher intimsten Einblick in das private und berufliche Leben des Genies Helmut Qualtinger mit all seinen Stärken und Schwächen dar. Die Briefe zeigen aber auch einen in seiner Vielfalt vergessenen Künstler. Denn was ist übrig geblieben in der Erinnerung an Helmut Qualtinger? *Der Papa wird's schon richten*, *Der g'schupfte Ferdl* und vor allem *Der Herr Karl*. Doch die Korrespondenz dokumentiert, dass er ab Mitte der 1960er-Jahre – als er seiner legendären Kabarettära von sich aus ein Ende gesetzt hatte – viel Theater gespielt, Filme gedreht hat und auf Tourneen gegangen ist. Mit anderen Worten: Qualtinger war weit mehr als es denen, die ihn erlebt haben oder von Platten, CDs und Filmzuspielungen kennen, bewusst ist. Auch deshalb habe ich mich entschlossen, die sehr persönlichen Briefe seiner ersten Frau zu veröffentlichen.

Vorerst seien zur Erklärung die Personen vorgestellt, die in den Auszügen der Korrespondenz die Hauptrollen spielen:

Helmut Qualtinger, 1928–1986, in den Briefen »Helmut« oder »Qualtinger« genannt. Kabarettlegende, Film-, Fernseh- und Theaterschauspieler, unsterblich als Co-Autor und Darsteller des *Herrn Karl.*

Leomare »Mädi« Qualtinger geb. Seidler, 1919–1984, Schriftstellerin (*Biedermeier-Morde, K. u. K. Krimis*), zeitweise Kolumnistin der Tageszeitung *Kurier* (»Frau Leomare«), von 1952 bis 1982 verheiratet mit Helmut Qualtinger.

Christian Qualtinger, *1958, Sohn von Leomare und Helmut Qualtinger. Musiker, Sänger, Schriftsteller, Maler und Illustrator.

Vera Borek, *1940, Schauspielerin, lebte seit 1969 in einer Beziehung mit Helmut Qualtinger, war von 1982 bis zu seinem Tod mit ihm verheiratet.

Anastasia »Stasi« Hacker geb. Lohr, 1925–2015, Schriftstellerin, Wienerliedexpertin (*Im Prater blüh'n wieder die Bäume*), lebte mit ihrem Mann, Professor Friedrich Hacker, in den USA, nach seinem Tod in Wien.

Friedrich Hacker, 1914–1989, besuchte als Student die Vorlesungen Sigmund Freuds an der Universität Wien, emigrierte 1938 in die USA. Psychiater, Terror- und Aggressionsforscher, pendelte ab 1948 bis zu seinem Tod zwischen seiner Klinik in Los Angeles und seinem Institut in Wien.

Am 21. Oktober 1964 feiert Helmut Qualtinger in der Rolle des Schusters Knieriem in Johann Nestroys Zauberposse *Lumpazivagabundus* Premiere im Theater an der Wien. Leomare Qualtinger berichtet ihrer Freundin »Stasi« Hacker nach Los Angeles von den Ängsten und dem Kräfteverschleiß, dem ihr 36-jähriger Mann während der wochenlangen Probenzeit ausgesetzt war. Noch steht die Liebe zu ihm im Vordergrund:

22. 10. 1964
Liebe Stasi ... Was habe ich in diesen dreizehn Ehejahren (in wie vielen Premieren muss ich einmal nachzählen) zusammen gelitten! Da sitzt man unten, und oben steht der Mann, den man liebt, und man weiß ja, wie schwer das alles ist, und für diese Scheißleute, die nur in die Luft gesprengt gehören, strudelt er sich ab (und fürs Vaterland); ich muss den glühenden Wunsch unterdrücken, auf die Bühne hinaufzuklettern, um ihn bei der Hand zu nehmen und wegzuführen, ihm dabei zuredend, »Schau, das steht doch alles gar nicht dafür, komm, gehen wir heim und denken wir uns einen anständigen Beruf für Dich aus.«
In Memoiren von arschlöchigen Witwen hab ich gelesen, wie stolz sie auf ihre Männer waren – und wie sie sich sonnten an dem Glanz, der sich auch ihnen mitteilte. Ich kann mich nicht sonnen, ich weiß zu gut, wie alles vor sich geht. Und es gibt mir gar nichts, wenn sie in der Pause über mich herfallen, mir die Hand abschlecken und mir vorlügen, wie »großartig« mein Mann ist. Natürlich ist er großartig, er war auch gestern großartig ... Aber welche Mühe, welcher Nervenverschleiß, wie viel Lebenskraft für so eine Aufführung hingeblattet wird, das

weiß so ein blasiertes Premierenpublikum nicht, will es auch gar nicht wissen. Es applaudiert soigniert und denkt ans Nachtmahl und dafür macht sich der Vater meines Kindes hin. Ich muss aufhören, ich bin zu sauer und böse.

Und ich denke an andere Premieren. Schreckliche Erinnerungen, auch eine Josefstadt-Premiere. Schillers *Parasit*, Schnee, Quatsch und ich viel zu hohe Absätze. Wir liefen nachher stundenlang quer durch Wien, ich von meiner Mission durchdrungen, meinen Mann zu überzeugen versuchend, dass er, dass die Aufführung wunderbar war. Er glaubte mir nicht, er glaubt mir ja nie, das gehört auch zur Premiere. Zuletzt fielen mir die Beine ab, und er stieg in ein Taxi, um in eine Bar zu fahren, wo er seinen Kummer ertränkte. Heute fresse ich (das Beruhigungsmittel, Anm.) Miltaun aus reinem Selbsterhaltungstrieb und lass mich nachher auf keine Diskussionen ein. Denn für die Schauspieler ist »nachher« jede Premiere die mieseste der Welt. Sie sind so ausgelaugt, dass ihnen der größte Erfolg wie eine komplette Pleite vorkommt ...

Zwei Wochen später spricht Leomare Qualtinger erste Beziehungsprobleme an, die sich aus seiner Arbeit und der labilen Psyche ihres Mannes ergeben. Doch die positiven Aspekte der gegenseitigen Liebe überwiegen bei Weitem:

7. 11. 1964

Mein Mann, zwar sehr erfolgreich mit dem *Lumpazivagabundus*, und auch sonst kann er sich nicht beklagen, spinnt trotzdem, plagt sich mit Depressionen und mich damit, am liebsten zwischen drei und vier Uhr morgens: da holt er mich, friedlich

»Und dafür macht sich der Vater meines Kindes hin«: Das Ehepaar Leomare und Helmut Qualtinger mit Sohn Christian 1971

Schlafende, aus dem Bett, um mir auseinanderzusetzen, wie vertan sein Leben ist und wie ihn alles ankotzt. Nicht, dass mir das neu ist, ich kenn es seit 13 Jahren, aber unausgeschlafen bin ich trotzdem. Und davon abgesehen, deprimiert es mich zuweilen auch, weil ich mir sage, dass ich mich jetzt eben 13 Jahre mit ihm abschinde, und das Leben freut ihn noch immer nicht. Seine Feststellung, dass es ohne mich und meine Schinderei seit 13 Jahren überhaupt kein Leben gäbe, dass Medaillen an meinen Hals gehörten, und dass ich überhaupt das Beste bin – das tut mir schon wieder gut, doch erspart es mir nicht den Zweifel, dass ich vielleicht doch etwas falsch mache. Dein Hacker wird natürlich sagen, dass ich alles falsch mache, weil ich so ein böses, hartes Luder bin und prinzipiell alles danebenverstehe ... natürlich glaub ich, dass ich ihm noch immer besser tu als ein Psychiater – und was das Übelste dran ist: er glaubt es auch. Der Helmut. Aber das hab ich ja bei Eurem letzten Wiener Aufenthalt verabsäumt, mit ihm zu bereden (mit dem Hacker).

Anfang des Jahres 1965 stellen sich bei dem erst 37-jährigen Helmut Qualtinger neben den psychischen auch erste physische Gesundheitsprobleme ein.

27. 1. 1965

Heute wissen wir laut Röntgen, dass der Helmut ein Zwölffingerdarmgeschwür hat. Er nimmt es hin wie eine neue Bosheit des launenhaften Jehovas, mir gelingt es jeden sich aufdrängenden Kommentar zu verschlucken, ich kaufe Rotwein ein, denn den darf er trinken und zerbreche mir den Kopf über noch wohlschmeckendere Diätspeisen. Da ich nicht sage: »Na, hab ich nicht recht gehabt, du Trottel, dass du dich noch ins Grab saufen wirst?«, bezeichnet er sich gelegentlich selbst als einen Trottel und weist gute Vorsätze vor – ich nehme an, er wird sich eine Zeitlang halten, wenn's ihm dann nicht mehr so weh tut, haut er wieder über die Stränge. Das machen, hör ich, alle. Freilich weiß ich, dass das alles nicht so einfach ist, wie es sich ein Sennerinnengemüt wie meines vorstellt: die Belastungen des Berufs etc ...

Liebe Stasi,

Mein Mann, zwar sehr erfolgreich mit dem Lumpazivagabundus, und auch sonst kann er sich nicht beklagen, spinnt trotzdem, plagt sich mit Depressionen und mich damit, am liebsten zwischen drei und vier Uhr morgens: da holt er mich, friedlich Schlafende, aus dem Bett, um mir auseinanderzusetzen, wie vertan sein Leben ist und wie ihn alles ankotzt. Nicht, daß mir das neu ist, ich kenn es seit 13 Jahren, aber unausgeschlafen bin ich trotzdem. Und davon abgesehen, deprimiert es mich zuweilen auch, weil ich mir sage, daß ich mich jetzt eben 13 Jahre mit ihm abschinde, und das Leben freut ihn noch immer nicht. Seine Feststellung, daß es ohne mich und meine Schinderei seit 13 Jahren überhaupt kein Leben gäbe, daß Medaillen an meinen Hals gehörten, und daß ich überhaupt das Beste bin – das tut mir schon wieder gut, doch erspart es mir nicht den Zweifel, daß ich vielleicht doch etwas falsch mache. Dein Hacker wird natürlich sagen, daß ich alles falsch mache, weil ich so ein böses, hartes Luder bin und prinzipiell alles danebenverstehe. in nicht einmal Halbbildung und Eigendünkel fixiert. Und natürlich glaub ich, daß ich ihm noch immer besser tu als ein Psychiater – und was das Übelste dran ist: er glaubt es auch. Der Helmut. Aber das hab ich ja bei Eurem letzten Wiener Aufenthalt verabsäumt, mit ihm zu bereden (mit dem Hacker).

»... und das Leben freut ihn noch immer nicht«:
aus Leomare Qualtingers Brief an Anastasia Hacker
vom 7. November 1964

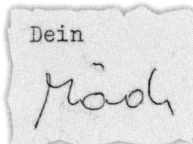

Dein
Mädl

15. 2. 1965

Ich stehe meinem Mann zur Verfügung, der Samstag Premiere* hat, o Gott. Er spinnt mitunter ganz schön, so weckte er mich neulich um 3 früh, mit einem echten Henkerstrick spielend (denn mit dem tritt er auf), die Schlinge auf und zu ziehend,

---

*   *Die Hinrichtung* von Carl Merz und Helmut Qualtinger mit Qualtinger als Scharf-
    richter Engel am Wiener Volkstheater.

267

wozu er seltsam lächelte. Dann legte er mir den Strick um den Hals und zog ein bisschen zu, ich schaute ihn nur an, er lächelte immer irrer, man hätte sich fürchten können vor ihm. Mir wurde es schließlich zu blöd und ich sagte: »Hör endlich auf mit dem Unsinn.«

Dazu muss man sich schließlich nicht aufwecken lassen, dass ma einen Strick um den Hals kriegt: So übt er Dämonie an mir, aber wenn ich auch ein echter Kren auf ihn bin: Herzinfarkt lass ich mir doch keinen anzüchten. Ansonsten hält er teils streng Diät, teils säuft er sich statt mit Whisky mit Rotwein an und begreift die Welt nicht mehr, weil er jetzt schon von einer einzigen Flasche blau sein kann. (Mir ist das klar, denn wenn einer vor lauter Diät keine Unterlage hat, muss er ja.)

Im Herbst 1965 wird eine Erkrankung des siebenjährigen Sohnes Christian zum Thema der Korrespondenz mit der Freundin:

11. 10. 1965
Es ist ja längst erwiesen, dass ein armes Kind in solchen ungeordneten Verhältnissen nervöses Asthma haben muss. Aber das sagte ich mir realistisch: Wieso eigentlich? Jetzt ist der Vater ja weg*, wir leben so friedlich, niemand kommt in der Nacht besoffen heim und zertrümmert die Wohnung ...

Leomare Qualtinger fügt sich ihren Verpflichtungen als Hausfrau und Mutter, findet jedoch kaum Zeit, ihrer Berufung als Schriftstel-

---

* Helmut Qualtinger pendelt zwischen Berlin (*Lumpazivagabundus* am Schiller Theater) und München, wo er für die TV-Verfilmung der *Hinrichtung* in der Regie von Erich Neuberg vor der Kamera steht.

lerin nachzukommen. Die Regeln werden in den 1960er-Jahren selbst in einer relativ freizügigen Künstlerbeziehung vom Mann bestimmt, die Emanzipation spielt keine Rolle:

19. 10. 1965
Die Mannsbilder, ihre Arbeit ist ihnen heilig, aber wenn eine Frau etwas arbeitet, dann haben sie dafür günstigstenfalls ein gönnerhaftes Nicken. Mein Mann mag's überhaupt nicht sehr. Kochtopf, Wiege, Bett – was davon wegführen könnte, macht ihm Unbehagen. Reden tut er natürlich immer davon, dass ich »was schreiben« soll.

Leomare Qualtinger verbringt ein paar Tage im Südbahnhotel am Semmering bei Wien und beschreibt auf dem Briefpapier des Hotels die sich ständig wiederholenden nächtlichen Aufweckaktionen ihres ebenso hypochondrischen wie eifersüchtigen Mannes. Qualtinger kann sich nicht entscheiden, ob er seine Frau in seiner Nähe haben will oder es doch vorzieht, allein zu bleiben.

21. 10. 1965
Ich selbst schlaf hier an sich gut wie schon lang nicht mehr, aber nur bis ca. 3 Uhr früh, da pflegt dann der Helmut anzurufen. Er erzählt mir dann, dass er krank, krank, krank ist und bald sterben wird, und ich soll ihn nicht besuchen kommen, aber soll ihn doch besuchen kommen, und dann will er wissen, wer bei mir ist ... Nächste Woche bleibt er in München, da fahr ich zu ihm, auch wenn er wieder sagt, ich soll nicht kommen, weil er zu nervös ist (sonst wär ich ja schon längst bei ihm).

8. 11. 1965

Also war ich mit dem gedemütigten Helmut in München und Berlin: er war wirklich in einer schrecklichen Verfassung an Leib und Seele, ich hab ihn getröstet und aufgerichtet, und er versicherte mir täglich, dass er es ohne mich nicht durchgestanden hätte: Drehen den ganzen Tag und abends Vorträge, und dazwischen Hin- und Herfliegen. Dann kamen wir auf eine Pausen-Woche nach Wien. Unser Sohn bekam gleich Scharlach, was Helmut als neue Zumutung und Demütigung auffasste, dann bekam ich eine Grippe, lauter Gemeinheiten, die ich meinem Mann antu, der gestern per Auto mit mir wieder nach Berlin abfahren wollte. Ich weigerte mich und die Ärzte fielen über ihn her, also musste er allein fliegen. Lauter Demütigungen. Aber er hat sich immerhin zu der Großzügigkeit durchgerungen, mir nochmals zu verzeihen, und ich darf ihm per Auto nachkommen, wenn der Christian und ich halbwegs auf gleich sind. Wenn du das alles nicht verstehst, so musst Du nicht den Hacker konsultieren, ich kann's dir auch erklären: es ist nämlich zwar schön, wenn ein Mann weiß, dass er auf seine Frau steht und dass er sie braucht, aber es ärgert ihn auch anderseits, dass er von dem Trampel abhängig ist. Und darum darf ich mich abstrudeln und für ihn und seinen Sohn fertigmachen, muss ihn aber trotzdem erst recht wie einen regierenden Monarchen behandeln ... Das hab ich ja neulich meinem Mann gesagt, dass sein größtes Plus ist, dass andere noch mieser sind als er. Er akzeptierte es erfreut und sauer zugleich.

Leomare Qualtinger zeigt sich in ihren Briefen durchaus stolz auf die Anerkennung, die ihr Mann vor allem in Deutschland erfährt, und sie ist beeindruckt, wen sie durch ihn auf Partys und Premierenfeiern aller kennenlernt.

3. 12. 1965

Heut will ich Dir vom Luxusleben schreiben und vom Glanz und Ruhm. Der Helmut jagte wie ein Düsenflugzeug durch den deutschen Norden, im Hamburger Auditorium maximum las er vor 1200 Leuten, überall Riesenerfolge, und die Prominenzen lernte ich bündelweise kennen – nur bin ich schon so verschmockt, dass ich – wenn ich überhaupt hinging auf die vielen Partys – die berühmten Namen hauptsächlich wieder vergessen habe. Sehr gut erinnere ich mich an einen Berliner Abend mit Erich Kästner, der nett und bescheiden ist wie alle wirklich guten Leute ...

Im Rias* hat der Helmut die Nestroy-Fortsetzung vom *Lumpazi* gelesen, er hat überhaupt jeden Abend was gelesen oder gespielt ... Er könnte in Deutschland spielen und lesen und Ruhm und Geld scheffeln, soviel ihn freut, aber jetzt hab ich ihn glücklicherweise doch so weit, dass er übermorgen ins Sanatorium geht nach Großgmain bei Salzburg. Er geht hin wie ins KZ, kannst Dir nicht vorstellen, was er sich antut wegen dieser »Freiheitsberaubung«, die vergangenen Wochen hat er natürlich häufig über die Stränge geschlagen, mit der Begründung, dass er »ohnehin ins Spital« geht, und heute und morgen Nacht wird sich eher auch einiges abspielen, hier in Wien, wo die Haberer auf allen Ecken lauern!

---

*   Berliner Rundfunkanstalt

Wien kommt in Leomare Qualtingers Briefen zusehends schlechter weg, Deutschland wird zur bevorzugten Arbeitsstätte ihres Mannes. Auch wenn das dem Familienleben Probleme beschert, da sie mit ihrem Sohn, der hier die Schule besucht, in Wien bleiben muss.

5. 12. 1965
Gefreut haben uns auch die bösartigen Verrisse des *Lumpa-zi*-Films, der wirklich nicht gut ist. Helmut machte ihn aus reinem Rachmones (jiddisch für Barmherzigkeit, Anm.) und schwor, so was nie wieder zu tun, aber sie verrissen ihn ja nicht, weil er schlecht gemacht ist, sondern aus persönlichen Bosheiten und Rachegelüsten. Helmut wird nächstes Jahr wahrscheinlich hauptsächlich in Berlin und München spielen (und leben), da ihm diese Scheißstadt wirklich zum Hals heraushängt: Euer Wien!

Die Ehe von Leomare und Helmut Qualtinger scheint eine sehr gute Phase zu haben, die beiden genießen das Leben und präsentieren sich als verliebtes Paar:

13. 12. 1965
Im feinsten französischen Restaurant in Berlin, im Chambre séparée. Partner: Mein eigener Mann. Wir haben viel gegrinst, weil die Kellner immer anklopfen, wenn sie kamen. Es war überhaupt eine Hetz und hat blödsinnig viel Geld gekostet, doch es ist immerhin besser, der Helmut haut's mit mir am Schädel, als mit einer anderen.

4. 1. 1966
Der Helmut bleibt vorderhand da (in Wien, Anm.), aber im Frühling muss er wieder zu den Piefkes, nix »take it easy«, in dem Land hier kann man sich nur zur Hetz aufhalten, arbeiten muss man anderswo ... Nächste Woche muss ich endlich ein Blutbild machen lassen von wegen Leukämie, geschieht Euch schon recht, wenn ich krank bin und bald sterbe, Dir eigentlich nicht, denn Du warst eh immer nett zu mir. Bald mehr, ich hör auf, sonst kommt der Brief überhaupt nicht mehr fort.

Ernsthafte Eheprobleme tauchen auf:

21. 2. 1966
In Prag ist der Helmut der Gehirnwäsche erlegen und gestand mir, ungefragt und ungebeten und darum überaus verblüffend, den berühmten Ehebruch ein, an dem wir voriges Jahr so lang herumlaborierten, obgleich er schon lang zurücklag und eh ein Blödsinn war und so kurz und flüchtig. Ich glaub nicht, dass es heuer Geständnisse geben wird, weniger aus Mangel daran, als dass er vielleicht draufgekommen ist, dass man so etwas fairerweise für sich behält ... Ich gähne jetzt, da ich soviel Valium gefressen hab (warum kann ich mich bloß nicht ansaufen, wie es andere können?

Doch der Ehebruch scheint bald verziehen, er ist – jedenfalls vorläufig – in der Korrespondenz kein Thema.

273

19. 3. 1966
Heut rief er (Helmut, Anm.) mich aus Zürich an, wohin er sich indessen begab … Er hat vorgeschlagen, dass ich mit dem Christian zusammen zu ihm kommen soll … Vorläufig graust mir noch, schon wieder so viele Kilometer zu fahren, und die ewigen Koffer, und der Qualtingerische Wahnsinn, der immer auf der Lauer liegt, um im unerwartetsten Augenblick über mich hereinzubrechen. Aber wenn ich »nein« sage, heißt es immer: gerade jetzt lässt du mich im Stich …

In der Herbstsaison des Jahres 1966 erlebt Helmut Qualtinger mit den Einaktern *Freunde* und *Feinde* von Arkady Leokum im Kleinen Theater im Konzerthaus (in der Direktion des Theaters in der Josefstadt) einen Triumph. Die Kritik feiert seine »manchmal geradezu erschreckende Charakterisierungskunst« in den beiden gegensätzlichen Hauptrollen.

13. 9. 1966
… Dann hockte ich mit dem Helmut im Café Klinik, und um vier kam ich ins Bett – hätt gar nicht erst schlafen gehen müssen, denn um 7 in der Früh fängt's ja wieder an … Der Helmut hat mit den zwei Einaktern einen Riesenerfolg, sogar die blöde Dr. Obzyna* hat ihm in ihrer Kritik zugestanden, dass er den »Weg vom Kabarett zur echten Schauspielkunst« erfolgreich hinter sich gebracht hat: also jetzt erlaubt sie's ihm auch, das Theaterspielen. Er schindet sich sehr. Täglich Vorstellung, Samstag/Sonntag viermal, weil auch Nachmittag. Diese

---

* Gemeint ist die Kritikerin Gertrude Obzyna.

Wochenenden sind für mich sehr mühsam, da er ja auf Hochtouren rennt und seine Überreiztheit – an wem denn sonst – an mir auslässt. (Nebenbei macht er noch ein Fernsehen.) Früher ist er bei solchen Anlässen verkommen und hat sich betrunken, jetzt bleibt er bei mir und ich muss ihn behandeln wie ein rohes Ei – ein Straussenei, berücksichtigt man seine Dimensionen.

6. 10. 1966

Ich leb jetzt paradiesisch, denn ich hab eine neue Bedienerin, die um sieben in der Früh kommt, d.h. dass sie den Christian abfertigt und in die Schule expediert, und ich kann schlafen – endlich wieder! Drei Jahre lang musste ich wie ein Trottel beim Hahnenschrei aufstehen, jetzt geht's mich in der Früh nix mehr an, wie spät es ist! ... Und wenn mich mein Mann aufweckt, um eine »Ansprache« zu haben, sag ich ihm nicht mehr: lass mich in Ruh, um sieben muss ich aufstehen. Jetzt kann ich mich mit ihm unterhalten – gestern dauerte es bis sechs Uhr morgens, dann schlaf ich bis 11 ... Neues Leben allseits! Und ein ungezwungener Auftrieb für die Ehe, über die ich nur das Beste sagen kann. Wenn's gut geht, hat der Helmut jetzt ein bisschen Luft, ehe er was Neues anfangt, und wir können nach Italien fahren. (Auf Deine Frage nach dem Bart: ja, er ist weg. Schade drum. Aber der Schnauz, den er noch immer hat, kitzelt auch.)

Helmut Qualtinger feiert am 8. Oktober 1966 seinen 38. Geburtstag. Leomare organisiert ein Fest in ihrer kleinen Gemeindewohnung in der Grinzinger Daringergasse, zu dem prominente Gäste erscheinen. Und schon am nächsten Tag berichtet sie ihrer Freundin »Stasi«:

9. 10. 1966
Ganz schön war unsere Party. Doderer und Kortner waren
ein unzertrennliches Alt-Herrenpaar, Curd Jürgens versuchte Helmut zu überreden, mit ihm den deutschen Film zu
retten, Mme. Jürgens interessierte sich mehr für mich.
Hugo Portisch schnitt politische Themen an, deren es diese
Woche leider wieder en masse gibt – wegen des Novak-Frei-
spruchs* (ob wir nicht doch noch eine Mafia gründen?) ...
Dazwischen der Roman Schliesser**, der zufällig von der
Party erfahren hatte und das Krankenbett verließ, auf das
ihn eine schwere Gelbsucht geworfen hat. Er schaut aus wie
eine alte Olive, die man wegzuwerfen vergessen hat. Ich fragte
»Wo hast du das erwischt, Roman? In China, in Indien? Er
sagte: »Nein, im Pressehaus« (sie kochen in der Kantine
schlecht) ...

8. 11. 1966
Wir waren in Venedig und dem wunderschönen Asolo – fast
zwei Wochen unterwegs. Wir haben es sehr klass gehabt,
besonders, weil wir uns jetzt wieder so gut vertragen wie vor
langen Zeiten, und besser, eigentlich weil wir ja indessen
erwachsen geworden sind. Der Helmut gibt sich Mühe, als wäre
ich eine neue Katz und nicht seit 15 Jahren seine Ehefrau, und
ich bin, dadurch und weil ich eine arge Krise hinter mich
gebracht hab, relaxed und unverkrampft, und so fällt es uns

---

* Franz Novak, 1913–1983, ehemaliger SS-Hauptsturmführer und enger Mitarbeiter
Adolf Eichmanns
** Roman Schliesser, 1931–2015, legendärer Gesellschaftsreporter, »Adabei« der *Kro-
nen Zeitung* von 1966 bis 1993, danach Kolumnist des *Kurier*

gegenseitig leicht, mit uns selbst und damit miteinander aus-
zukommen ...

Anfang des Jahres 1967 geht ein Schock durch Wiens Theaterkreise:
Der bedeutende Regisseur Erich Neuberg* ist durch Selbstmord
aus dem Leben geschieden. Das Ehepaar Qualtinger trifft die Nachricht besonders, nicht nur weil Helmut mit ihm eng befreundet und
er der Regisseur des *Herrn Karl* war, sondern auch weil sie eine sehr
persönliche Geschichte verbindet:

18. 1. 1967
Die letzten Wochen sind schrecklich: ununterbrochen stirbt
wer. Wir haben noch am Doderer laboriert, da geschah genau
vor einer Woche die grässliche Geschichte mit dem Erich Neuberg. Was das Ärgste daran ist: jeder aus der Freundschaft
geht – neben der Trauer mit einem Riesenzorn herum, von dem
keiner genau sagen kann, auf wen er ihn eigentlich hat. Ich
habe dem Sowerl (Kurt Sowinetz, Anm.) gesagt, ich glaub jeder
hat ihn auf sich selber, weil jeder so überheblich ist, zu glauben, dass er den Selbstmord verhindern hätte können, wenn er
sich mehr um den Erich gekümmert hätte ...
Verflucht, der Erich ist tot! Ich weiß schon, dass man sich
überschätzt, wenn man an die Verhinderungsmöglichkeiten
glaubt – der Erich ist seit 10 Jahren erkennbar krank gewesen,
wahrscheinlich war er es schon vorher oder immer. Was haben
wir zusammengeredet in dieser Woche! Und wie oft in diesem

---

* Erich Neuberg, 1928–1967, Theater-, Film- und Fernsehregisseur, Pionier und
Oberspielleiter des österreichischen Fernsehens

letzten Jahr hab ich zum Helmut gesagt: Ich möchte mich mit dem Erich zusammensetzen, vielleicht bring ich die Sache zwischen euch wieder in Ordnung, aber ich mag eigentlich nicht. Wie komm ich dazu? Und er hat gesagt, nein, tu's nicht, weil es ja mehr war als ein Sandkistenstreit zwischen zwei Buben, den die Mama dann schlichtet. Es hat mich angekotzt zu reparieren, was die Buben und ein blödes Mensch angerichtet haben. Ich bin auch nicht so vertrottelt zu glauben, der Erich hätte sich umgebracht, weil seine Frau mit dem Helmut geschlafen hat (Und wenn ich's reziprok mit dem Erich getan hätt, wär alles okay gewesen) ...

Ich weiß doch, wie zusammen gehaut es mich hat, wie lange ich gebraucht hab, es zu verkraften – und ich bin ein einigermaßen gesunder Mensch. Und ein Hiniger wie der Erich, dem die Frau mit dem ältesten Freund fremdgeht ... Ja, ja, Stasi, das sind amüsante, pikante Geschichten, wenn man sie hört, von anderen. Aber entsetzlich, wird man als Beteiligter in so was verwickelt!

Der Helmut ist davon furchtbar angeschlagen, mir liegt's im Magen, doch ich schlepp ihn über die Runden ...

Es ist sehr schwer, eine »tapfere kleine Frau« zu sein, aber was, Blödsinn, ich bin eine ganze psychiatrische Klinik, vom Oberarzt bis zum Hausdiener, freilich hab ich nur einen Patienten, doch der genügt. Nur sind mir leider die Geschehnisse rund um meinen Patienten nicht wurscht, weshalb ich sicher manches falsch mache, aber immerhin bringt er sich nicht um und macht sogar seine Arbeit – mehr bringt die beste Klinik nicht fertig!

*»Ja, ja, Stasi, das
sind amüsante,
pikante Geschich-
ten«: Briefadressatin
Anastasia Hacker*

Einer der nächsten Briefe, die Leomare Qualtinger nach Los Angeles schickt, könnte als psychiatrisches Gutachten über die momen-
tane Befindlichkeit ihres Mannes durchgehen:

22. 10. 1967
**Ich bin froh, wenn sich der Helmut in der Eden abreagiert,
statt mir stundenlang seine Depressionen zu erklären, worauf
er friedlich schläft und ich im Bett hocke und grüble. Ich weiß
jetzt endlich, dass er bös auf mich ist, weil er bös sein will und
muss – die Aggression des Neurotikers eben, aber genug. Darüber nicht selbst neurotisch zu werden, d.h. seine eigenen Anla-
gen zur Neurose abzubauen – das ist derzeit mein Sinnen und
Streben ...**
**Ich hab mich ewig gekränkt, dass der Helmut so ist, wie er
ist und ihn zu »überzeugen« versucht, dass er nicht soviel**

saufen, nicht soviel spinnen und nicht so aggressiv und negativ sein soll – jetzt weiß ich endlich, dass das nicht nur für die Katz war, sondern auch häufig eine zusätzliche Quälerei für ihn, da er ja gar nicht anders kann. Ich lass ihn jetzt in Ruh, was ihm logischerweise auch wieder nicht ganz recht ist, da er behauptet, ich ließe ihn nur in Ruhe, weil ich nicht mehr auf ihn stehe. (Logisch, weil aus der neurotischen Perspektive gesehen.)

Leomare Qualtinger erkennt, dass in ihr infolge der familiären Umstände eine begabte Schriftstellerin verloren zu gehen droht, was sie ihrer Freundin »Stasi« Hacker so zu erklären versucht: »Ich schreib ja gerne Briefe. Würd ich's analysieren, käm heraus, dass ich mich ins Briefschreiben flüchte, weil ich zu faul bin – oder unüberzeugt von meiner schriftstellerischen Kapazität, um Bücher oder Stücke zu schreiben (so wie ich mich in das weite Land der Ehe und der Mutterschaft geflüchtet hab, um keine Zeit und Energie zum Arbeiten zu haben).« Im Herbst 1967 beginnt sie eine wöchentliche Kolumne für den *Kurier* zu schreiben.

29. 11. 1967
Also, der Helmut hat neulich sauer gesagt, wenn ich so weitermache, können wir es uns finanziell endlich leisten, uns scheiden zu lassen, denn arme Leute können sich das bekanntlich nicht leisten. Aber weit gefehlt – wir lassen uns nicht. Im Gegenteil: knapp aus Italien, wo es wunderschön war, zurückgekehrt, hat sich der Helmut, vielleicht beim Koffertragen, eine Bandscheibengeschichte zugezogen – also ich war 10 Tage Krankenschwester …

Da ich am Abend darauf brenne, allein zu sein, um meine Artikel und meine Kochrezepte zu schreiben, ist der Helmut häuslich geworden. Aber jetzt muss er demnächst nach Hamburg, um die *Dreigroschenoper* auf Schallplatte für die Deutsche Grammophon aufzunehmen, und sonst muss er auch allerlei, und im Jänner geht er drei Monate auf Tournee mit *Freunde* und *Feinde* (Josefstadtinszenierung), ab September nächsten Jahres hat er sich an die Münchner Kammerspiele verpflichtet.

30. 12. 1967

Zur Begehung des Silvesters begeben wir uns nach Salzburg, vom Gerhard Freund* und Konsorten dazu eingeladen – wobei mir der Österreichische Hof schon vermiest ist, weil Taylor-Burton dort hausen (Filmarbeiten) und ich den Helmut schon seh, sich mit dem Burton ansaufen an der Bar.

26. 1. 1968

Nach turbulenten Tagen und Nächten ist der Helmut jetzt auf seine Zweimonate-Tournee gezogen, Gott wird das morgen sein a Schmerz! Derzeit bin ich noch zu paralysiert von seinem Auszug und frag mich, wie so oft, warum ich mir dieses Monster noch immer antu, statt mich in den so ruhigen Witwenstand zurückzuziehen. UND NIE MEHR EINEN MANN!

Taylor-Burton kamen in Salzburg grad an, als wir wegfuhren, eine wahre Mezzie, natürlich haben wir im Österreichischen

---

* Gerhard Freund, 1925–1979, war ab 1955 Österreichs erster Fernsehdirektor und ab 1967 Geschäftsführer der Münchner TV-Produktionsfirma Intertel.

**Hof gewohnt, und nie gingen wir vor 5 Uhr früh schlafen ...
Jetzt ist es so ruhig bei uns, wie in einer Kirche.**

Der Herr Karl von Carl Merz und Helmut Qualtinger, Regie: Erich
Neuberg, wurde zum ersten Mal am 15. November 1961 im österreichischen Fernsehen gesendet und sorgte damals schon für heftige
Kontroversen in der Bevölkerung. Sechseinhalb Jahre später wird
der mittlerweile klassisch gewordene Monolog eines opportunisti-
schen Kleinbürgers und Mitläufers im ORF wiederholt, und die
Aufregung ist mindestens genauso groß wie beim ersten Mal. Die
Familie Qualtinger bekommt das zu spüren, zumal sie für jeder-
mann erreichbar ist – Helmut Qualtinger steht im Telefonbuch.

1. 4. 1968
**Der Helmut probt jetzt im Volkstheater *Geschichten aus dem
Wiener Wald*. Die Deutschland-Tournee war für ihn sehr mühsam, aber überaus erfolgreich. Wegen der *Herr Karl*-Wiederho-
lung hat Deine Mutter übertrieben, ich meine, was die negati-
ven Auswirkungen für uns persönlich betrifft. Natürlich waren
und sind viele Leut dagegen, heute unter Umständen noch
mehr als früher, weil sich eine g'scherte Heil-Österreich-Gesin-
nung wachsend breit macht, aber dafür sind die guten und
gescheiten Leute umso mehr für den Helmut und das, was er
macht – interessanterweise auch primitive (Die Hauptgegner
stammen nach wie vor aus dem, entschuldige, beschissenen
Mittelstand). Als die Wiederholung im Fernsehen lief, hat bei
uns ständig das Telephon geklingelt. Zuerst hab ich abgehoben
und mir das Geschimpfe angehört, und wie du mich kennst,
hab ich den Anrufern dann so ordinäre Sachen gesagt, dass sie**

Als Der Herr Karl
1969 noch einmal im
österreichischen
Fernsehen gezeigt
wird, rufen Zuschauer
in Qualtingers
Wohnung an.

perplex abgehängt haben. Dann hab ich den Christian ans Telephon gelassen und ihm erklärt, dass er den Leuten alles sagen darf, was ihn freut. Na, das hat er auch getan, voll Vergnügen! (Die Zeitungen haben dann auch über diesen »Freudentag« eines kleinen Buben berichtet, was aber insofern nicht ganz stimmt, als der Christian auch sonst locker genug erzogen wird, um unfeine Vokabel gebrauchen zu dürfen.)

20. 3. 1969
Mit dem Gustav Manker, der nach Leon Epps Tod Volkstheaterdirektor wurde, wird Helmut im kommenden Jahr etliches machen. Dazwischen sagt er immer wieder zu Sachen Nein, die uns zu wohlhabenden Leuten machen würden – aber das ist ja ein alter Hut: wenn der Helmut was Schlechtes macht, dann nur für wenig Geld …

Im Frühjahr 1969 feiert Qualtinger am Hamburger Thalia-Theater Premiere in der Rolle des Dorfrichters Adam in Kleists *Der zer-*

brochne Krug. Er lernt dort seine Kollegin Vera Borek kennen und beginnt eine Beziehung mit ihr. Doch davon weiß Leomare Qualtinger offenbar noch nichts.

26. 4. 1969
Du schreibst ja nur, damit Du schreiben kannst: hier sitze ich beim Pool in der Sonne ... Ich bin vor lauter Mathematik, deutscher und englischer Grammatik und anderen Gymnasienzielen müde. Dabei les ich noch Stücke, die dem Helmut angeboten werden, und an einem eigenen Drehbuch, zu dem der Fatty George die Musik macht, schreib ich auch ...

Am 1. März 1970 wird Bruno Kreisky mit relativer Stimmenmehrheit der SPÖ zum österreichischen Bundeskanzler gewählt. Leomare Qualtinger spielt in ihrem Brief an Anastasia Hacker auf Marietta Torbergs Verhältnis mit dem künftigen Regierungschef an:

8. 3. 1970
Jetzt ist also die Marietta Torberg Landesmutter. Und der Torberg, der am Semmering seine Gesundheit aufpoliert, schwitzt, stimuliert vom Erfolg seines »Schwagers« Kreisky, an seinem Minnesängerroman weiter, abwechselnd von der Marietta und der Paola Löw* inspiriert ...
In Budapest und Umgebung schwitzt, nein friert, der arme Helmut an der Verfilmung vom *Falschen Gewicht* von Joseph

---

* Paola Löw, 1934–1999, Burgschauspielerin, enge Freundin Friedrich Torbergs

Roth. Es ist eine Superproduktion, Dein Freund Berndi* quält alle bis aufs Blut. Er ist so verrückt, dass entweder alles schief geht oder etwas ganz besonders Gutes entsteht. Da der Helmut sehr diszipliniert ist, sich aber doch nur beschränkt quälen lässt, hängt er natürlich mit ihm – vorige Woche packte ihn der Wicki am Hals, versuchte ihn zu beuteln (was beim Helmut schwer ist) und zischte ihn an: »Ich hau dir eine hinein.« Und der Helmut sagte – und ich kann mir den Mörderblick in seinen Augen vorstellen: »Hau her, Wicki, dann bring ich dich um.« Woraufhin ihn der Berndi sofort losließ und sagte: »Mit dir kann man nicht reden.«

Was das Irre an diesem Scheißberuf ist: der Helmut lässt beim Nachtmahl Messer und Gabel fallen, wenn er hört, dass der Wicki kommt. Aber wenn dann schon alle schlafen, sitzt er mit dem Wicki bis drei in der Früh. Nun bin ich schon so lange mit dieser Branche verheiratet, aber verstehen kann ich diese Irren doch nie.

Der Gerhard Freund, ein vernünftiger Mensch, der zwischen München und Budapest pausenlos pendelt, erzählte mir, dass die Muster – besonders Helmuts Spielszenen – grandios sind. Und da das alles Gerhards Geld bzw. das der Intertel-Film kostet – also was soll ich mich da fertig machen? Wahrscheinlich muss das alles so sein.

Ob der Film was wird, weiß niemand – was den Aufwand betrifft, zumindest: ob der im Verhältnis zum Resultat steht? Der Helmut ist dabei ganz mager – für seine Verhältnisse – geworden.

---

*   Bernhard Wicki, 1919–2000, Schauspieler und Regisseur

Mittlerweile hat Leomare Qualtinger von der Beziehung ihres Mannes mit Vera Borek erfahren. Nun beginnt die Phase der großen
Verbitterung.

1. 3. 1973
Der Qualtinger hat sich – wenn auch gestört – derrappelt und
saust durch die Bundesrepublik, teils Roth, Horvath, Nestroy
und sich selber lesend, teils Hitlers *Mein Kampf*, den betrete-
nen Deutschen vortragend. Er ist äußerst erfolgreich und pendelt privat zwischen mir und der Vera in Hamburg. Mehr ist er
bei ihr. Das bringt mir Pein und Freiheit. Sehr lustig ist es aber
nicht.

16. 3. 1973
Es ist mir immer wieder unfassbar, wie viel Kraft ich eigentlich
besitzen muss, da jetzt soviel da is, das hat früher alles der Helmut aufgefressen. Und zu Ostern fahr ich mit Christian und
anderen nach Tunis. Nur eins mach ich nicht: mir mit einem
Mann was anzufangen. Denn ich weiß jetzt endlich, dass ich
eine schlechte Hand für Mannsbilder habe und sofort wieder
ein Monster erwischen würde. Der Dr. Satke hat zu mir gesagt:
ich geh mit Ihnen in eine Kaserne, und Sie zeigen mir, welche
Männer Ihnen gefallen würden. Und neun von zehn mindestens sind Hinige. Und dann hat er auch gesagt: den Qualtinger
hinausschmeißen – eine gute Idee. Aber überlegen Sie sich's,
denn Sie haben in 14 Tagen einen anderen und der ist noch
ärger.
Diesen Hinigen hab ich bereits hinter mir. Der war vielleicht
ein Blendwerk. Wirkte so solid und bürgerlich und intakt – und

»*Mehr ist er bei ihr*«: Vera Borek und Helmut Qualtinger sind ein Paar.

gebildet, aber das ist er nun ja wirklich – und wie ein Fels in der Brandung. Nach ein paar Tagen erst bin ich draufgekommen, dass er auch völlig verrückt und hinig ist und keine Schulter zum Anlehnen bietet, was ich ja brauchen tät, sondern ein Conterganbaby auf der Suche nach einer Mutterbrust ist. Und gleich mich auffressen wollte er und mich der Freiheit völlig berauben. Also alles wie gehabt – ich trat schleunigst die Flucht an und hüte mich jetzt. Warum sind Weiber so blöd? Ich war zu lange blöd. Das muss anders werden. Ich werde jetzt nonnisch leben, nur mehr arbeiten und die Menschen studieren.

Der Helmut zieht auf einer Tournee durch Deutschland und die Schweiz, hat große Erfolge. Doch wenn er anruft, merk ich, wie versoffen und verblödet er ist. Das ist jetzt aber nicht mehr mein Problem, sondern das der Vera – er lässt sich ja gar nicht helfen von mir, derzeit. In den Interviews, die ich gebe, rede ich naturgemäß immer von unserer guten Ehe. Er auch. So ist es der Vera bisher noch nicht gelungen, in die Zeitung zu kommen, außer als »Freundin in Hamburg«. Das Merkwürdige ist, dass jeder Journalist, der ein Interview macht, von ihr weiß, aber keiner hat Lust, über sie zu schreiben. Sie fragen mich, ob ich möchte, dass über sie geschrieben wird, ich sage: nein, und damit ist es erledigt. Ich habe keinerlei Interesse, unsere Zores an die Öffentlichkeit zu tragen, er auch nicht. Wie's in Zukunft wird, weiß ich natürlich in keiner Weise. Aber eins weiß ich schon: dass ich nie mehr so beschissen leben möchte wie in den letzten Jahren. Wenn ich ihn jemals wieder zurücknehme, dann muss er eine anständige Kur machen und sich völlig regenerieren. Davon kann aber derzeit keine Rede sein, da sie ihn machen lässt, was er will – kann sein, sie keift auch gegen das Saufen, aber es nützt ihr nichts, kann sein, sie säuft nicht immer mit ihm gemeinsam, wie sie das früher getan hat. Sie muss ja jetzt den sauren Apfel, in den sie gebissen hat, bis zum Butz fressen: entweder bleibt sie die verständnisvolle, gleich gestimmte Seele, dann säuft er weiter, macht sie ihm das Bestemm, kann er ja gleich zu seiner Frau gehen. Ich häng über ihr wie das Damoklesschwert, und sie muss sich von ihm fotzen lassen und kuschen. Ich möchte nicht in meiner Haut stecken, aber in der von der Vera, die sich das alles viel einfacher vorgestellt hat, möcht ich noch weniger stecken.

9. 5. 1973
Du bist die geduldigste, sanfteste und unterwürfigste aller Frauen, die ich kenne. Mir werfen nämlich Idioten vor, dass ich

das alles nicht war und darum meinen Mann einer zutrieb, die das ist – sie ist es nicht wirklich, sie spielt es ihm nur vor, aber der Trottel nimmt es ihr ab. Und ich mache mir selber schon Vorhaltungen, weil ich an Ergebenheit und Bewunderung zu wünschen übrig ließ. Aber wenn eine – für die Therapeuten und die landläufige Meinung – so vorbildliche Frau auch Pech mit ihrem Partner hat, dann ist es sonnenklar, dass das ganze Geteigeze (jiddisch für Plauderei, Anm.) nicht stimmt, sondern dass es so ist, wie ich es schon lange vermute: die Männer wollen etwas Anderes, Neues, das ist ein Bazillus, der umgeht und kaum einen verschont. Alle Ehen und Verbindungen krachen auseinander, und dann schiebt man uns noch den schwarzen Peter zu: wir hätten alles falsch gemacht, aber das haben wir nicht! Die Männer haben hingegen alle einen Kopfschuss, der Ruhm und der Glanz haben sie verblödet und eitel für das schmeichlerische Geschmeiß gemacht, das sie anhimmelt. Natürlich sind diese Kreaturen alle noch jung dazu, und so einfach ist das: das haut diese Idioten im Klimakterium halt um. Anzunehmenderweise kriegen wir sie alle im psychischen oder physischen Rollwagerl wieder zurück, es fragt sich nur, ob wir die Krätzen dann noch haben wollen. Von wegen Bewunderung: Frauen unseres Alters hätten es auch gern, wenn ihnen jemand täglich versicherte, wie »klass« sie sind, aber das tut ja keiner und wenn, lachen wir über diese Billigkeiten. Die Männer lachen nicht, sie sind beeindruckt, diese Kretins, ich möchte sie alle abschießen, weil sie so blöd und eitel sind. Ich schreib Dir bald wieder, heute nur ein Bussi ...
Dein Mädi

Leomare Qualtinger findet jetzt erst Zeit und Muße, ihre lange vernachlässigte schriftstellerische Tätigkeit aufzunehmen. 1979 erscheint im Amalthea Verlag das Buch *Biedermeier Morde*, im Jahr darauf *K. u. k. Krimis. Berühmte Kriminalfälle aus dem alten Österreich*. Ihre Ehe mit Helmut Qualtinger wird 1982 geschieden, danach heiratet er Vera Borek. Und findet mit ihr ein neues Glück.

Leomare Qualtinger stirbt am 26. April 1984, Helmut Qualtinger am 29. September 1986, Anastasia Hacker am 2. November 2015.

Vera Borek und Christian Qualtinger leben in Wien.

Quellenverzeichnis

Ilsebill Barta, Markus Langer, Marlene Ott-Wodni, *Das kaiserliche Jagdhaus Mürzsteg, Geschichte, Ausstattung und Politik*, Wien 2018.

Gigi Beutler, *Führer durch die Kaisergruft bei den PP Kapuzinern zu Wien*, Wien 2004.

Maxi Böhm, *Bei uns in Reichenberg, Unvollendete Memoiren*, Fertig erzählt von Georg Markus, Wien-München 1983.

Hans Werner Bousska, *Zu Gast in Wien, Beisl, Restaurants und Kaffeehäuser in historischen Bildern*, Wien 2019.

Giacomo Casanova, *Geschichte meines Lebens*, Berlin 1964.

Egon Caesar Conte Corti, *Der alte Kaiser, Franz Joseph I. vom Berliner Kongress bis zu seinem Tode*, Graz 1955.

Egon Caesar Conte Corti, *Elisabeth, Die seltsame Frau*, Graz 1934.

Felix Czeike, *Historisches Lexikon Wien*, Wien 1992–1997.

Max Edelbacher, Harald Seyrl, *Wiener Kriminalchronik*, Wien 1993.

Humbert Finck, *Joseph II., Kaiser, König und Reformer*, Düsseldorf-Wien-New York 1990.

Fürstin Nora Fugger, *Im Glanz der Kaiserzeit*, Wien-München 1980.

Hubertus Godeysen, *Piefke, Kulturgeschichte einer Beschimpfung*, Wien-Klosterneuburg 2010.

Brigitte Hamann (Hrsg.), *Die Habsburger, Ein biographisches Lexikon*, Wien 1988.

Brigitte Hamann, *Elisabeth, Kaiserin wider Willen*, Wien-München 1982.

Gabriele Hasmann, Sabine Wolfgang, *Die Wilde Wanda und andere gefährliche Frauen, Verbrecherinnen über die Jahrhunderte*, Wien 2020.

Gabriele Hasmann, Sabine Wolfgang, *Verbrecherisches Wien*, Wien 2021.

Magda Hawlik-van de Water, *Die Kapuzinergruft*, Wien 1993.

Vera Kálmán, *Die Welt ist mein Zuhause, Erinnerungen*, München 1980.

Helen Keller, *Die Geschichte meines Lebens*, Stuttgart 1905.

Hans Magenschab, *Josef II., Österreichs Weg in die Moderne*, Wien 2006.

Georg Markus (Hrsg.), *Der Kaiser, Franz Joseph I., Bilder und Dokumente*, mit einem Vorwort von Otto von Habsburg, Wien-München 1985.

Georg Markus, *Die Enkel der Tante Jolesch*, Wien-München 2001.

Georg Markus, *Katharina Schratt, Die heimliche Frau des Kaisers*, Wien-München 1982.

Österreichisches Biographisches Lexikon 1815–1950, Wien 1965.

Norbert Rubey, Peter Schoenwald, *Venedig in Wien, Theater- und Vergnügungsstadt der Jahrhundertwende*, Wien 1996.

Christoph Schmetterer, *Die letztwilligen Verfügungen Kaiser Franz Josephs*, In: *Beiträge zur Rechtsgeschichte Österreichs*, S. 317–338, Wien 2011.

Kurt von Schuschnigg, *Der lange Weg nach Hause, Der Sohn des Bundeskanzlers erinnert sich.* Aufgezeichnet von Janet von Schuschnigg, Wien 2008.

Otto Schwarz, *Hinter den Fassaden der Ringstraße, Geschichte, Menschen, Geheimnisse*, Wien 2007.

Michael Seufert, *Der Skandal um die Hitler-Tagebücher*, Frankfurt/Main 2008.

Bartel F. Sinhuber, *Der Wiener Heurige*, Wien-München 1980.

BILDNACHWEIS

Österreichisches Staatsarchiv/Haus-, Hof- und Staatsarchiv/AT-OeStA/ HHStA UR FUK 2838 (25, 27), Archiv Amalthea Verlag (32, 37 rechts, 39, 105, 133, 149, 169, 173, 181, 189, 195, 203, 209, 220, 233, 240, 254), Wikimedia Commons/Foto: Peter Geymayer (37 links), ANNO/Österreichische Nationalbibliothek (48, 51), Kriminalmuseum Wien (54), Archiv Universitas-Langen-Müller Verlag (59), akg-images/picturedesk.com (61, 138, 249), Austrian Archives/Imagno/picturedesk.com (65, 226), Archiv Seemann/ Imagno/picturedesk.com (69, 109, 121, 125), Sammlung Hubmann/ Imagno/picturedesk.com (74, 97), Votava/Imagno/picturedesk.com (81), Photo Simonis/ÖNB-Bildarchiv/picturedesk.com (91), Rübelt, Lothar/ ÖNB-Bildarchiv/picturedesk.com (114), Österreichisches Volkshochschularchiv/Imagno/picturedesk.com (117), Wikimedia Commons/Bwag/CC BY-SA 4.0 (135, 199), ullstein bild/Ullstein Bild/picturedesk.com (145), Erich Lessing/picturedesk.com (163), KURIER/Roland Mühlanger (179), CINE-ALLIANZ TONFILMPRODUKTIONS/Mary Evans/picturedesk.com (185), KURIER/Gilbert Novy (191, 243), ÖNB-Bildarchiv/picturedesk.com (197, 216, 237, 245), Wikimedia Commons/Library of Congress (224), D'Ora-Benda, Atelier/ÖNB-Bildarchiv/picturedesk.com (229), Haase, Alfred/SZ-Photo/picturedesk.com (265), Archiv Georg Markus (267, 279), Franz Hubmann/Imagno/picturedesk.com (283), KURIER/Kristian Bissuti (287)

Creative Commons:
https://creativecommons.org/licenses/by-sa/4.0/deed.en

Der Verlag hat alle Rechte abgeklärt. Konnten in einzelnen Fällen die Rechteinhaber der reproduzierten Bilder nicht ausfindig gemacht werden, bitten wir, dem Verlag bestehende Ansprüche zu melden.

Namenregister

Adenauer, Konrad 225
Adler, Alfred 106
Adlmüller, Fred 99, 174
Amati, Nicolò 232, 235
Albers, Hans 184
Albert, Herzog von Sachsen-Teschen 36, 38
Albrecht V., König des Heiligen Römischen Reichs 200
Alexander VI., Papst 128
Alexander, Peter 147
Altenberg, Peter 67, 89
Altmann, Bischof von Passau 127
Anna von Österreich-Tirol, Kaiserin des Heiligen Römischen Reichs 166
Archimedes 159
Arenberg, Pauline von 196
Aristoteles 214
Astor, Nancy 88
Atkinson, Rowan 87

Aurelius Probus, römischer Kaiser 72

Bankl, Hans 163
Barberina, Geliebte Casanovas 210
Bardot, Brigitte 123
Baron Cohen, Sacha 87
Báthory, Elisabeth Gräfin 17, 44f.
Beauharnais, Joséphine de 159
Bécaud, Gilbert 80
Beethoven, Ludwig van 73, 99, 146, 160, 162f., 165, 169
Bell, Alexander Graham 222
Benedikt VIII., Papst 126
Benya, Anton 170
Berg, Armin 171
Berg, Jimmy 75
Bernstein, Leonard 80
Biela, Wilhelm von 214
Böhm, Christine 84
Böhm, Huberta 83f.

Böhm, Max jun. 84
Böhm, Maxi 80f., 84f., 169
Böhm, Michael 19, 80, 83–85
Borek, Vera 16, 19, 261f., 284, 286–288, 290
Bormann, Martin 153
Bourbon-Parma, Isabella von 16, 35–41
Bragadin, Matteo Giovanni 208
Brahms, Johannes 64, 169
Branicki, Franciszek Ksawery Graf 211
Braun, Eva 152
Breitenfeld, Karl 49
Bronner, Gerhard 170
Bruckner, Anton 73
Brutus, Marcus Iunius 159
Bundy, Hans 123
Burg, Ferdinand (Erzherzog Ferdinand Karl) 140
Burton, Richard 281

Caesar, Gaius Julius
159
Callas, Maria 100
Camilla, Herzogin von
Cornwall 148
Capretta, Caterina 208
Caroline von
Braunschweig-
Wolfenbüttel,
Königin von
Großbritannien,
Irland und Hannover
204
Caroline, Prinzessin
von Monaco 202
Caruso, Enrico 86,
100
Casanova, Giacomo
18, 208–212
Castelli, Ignaz Franz
218–221
Chaplin, Charles 86
Chaplin, Charlie
86f., 164f., 225
Chaplin, Geraldine
164
Chaplin, Hannah 86
Chaplin, Oona 164
Charles, Prinz von
Wales 148
Chopin, Frédéric 237
Chruschtschow, Nikita
93
Churchill, Winston
85, 88, 225
Cleese, John 87

Clinton, Bill 148
Conrads, Erika 171
Conrads, Heinz 171
Corti, Egon Caesar
Conte 33, 132, 252
Corwell, Luftschiffer
220

Daunis, Alain 57
Diana, Prinzessin von
Wales 123
Dietl, Helmut 155
Dietrich, Marlene 188
Doderer, Heimito von
16, 80, 118, 276f.
Dollfuß, Engelbert
179f.

Eckstein, Friedrich 66
Eder, Josefine 49
Edward VII., König
des Vereinigten
Königreichs 135
Eichmann, Adolf 276
Einstein, Albert 164,
225
Eisenhower, Dwight
D. 225
Elisabeth, Kaiserin
von Österreich (Sisi)
16f., 22, 26f., 31–34,
123, 130–134, 136,
159, 248–251, 254
Elisabeth, Prinzessin
von und zu
Liechtenstein 26

Elisabeth von
Bourbon, Herzogin
von Parma 35
Elisabeth Marie,
Erzherzogin 23–25,
29–31, 110
Epp, Leon 283
Erhardt, Heinz 147
Ernst August I., König
von Hannover 204
Ernst August II.,
Kronprinz von
Hannover 205
Ernst August, Prinz
von Hannover 202f.,
205
Ernst August, Herzog
zu Braunschweig und
Lüneburg 204
Esterházy, Maria
Poliena Gräfin
(geb. Prinzessin
Lobkowitz) 98
Esterházy, Moritz Graf
97–99
Esterházy, Nikolaus
Graf 98
Esterházy, Nikolaus II.
Fürst 135f., 162
Eugen, Prinz von
Savoyen-Carignan
101

Fagan, Peter 224f.
Falco (Johann Hölzel)
169

Farkas, Karl 80, 90, 171

Farnese, Giulia 128

Fedák, Sári 89

Feifalik, Franziska (Fanny) 123

Ferdinand I., Kaiser von Österreich 22, 158, 219

Ferdinand III., Kaiser des Heiligen Römischen Reichs 167

Ferenczy, Rosa 47

Festetics, Marie Gräfin 131, 134, 250f.

Finger, Edi sen. 147

Fink, Humbert 38

Flick, Friedrich Karl 165

Flick, Ingrid 165

Forst, Willi 172–174, 184f., 188

Frankl, Viktor 170

Franz I. Stephan, Kaiser des Heiligen Römischen Reichs 40

Franz II./I., Kaiser des Heiligen Römischen Reichs/Kaiser von Österreich 158

Franz Ferdinand, Erzherzog 29–31, 110, 138, 140f., 159, 167, 252, 255

Franz Karl, Erzherzog 138

Franz Joseph I., Kaiser von Österreich 15–17, 22–34, 69, 92f., 98, 103, 112, 123f., 130–132, 134–140, 148, 158, 188, 194f., 203, 248–255

Franz Joseph II., Fürst von und zu Liechtenstein 199, 201

Franz Salvator, Erzherzog 23

Freud, Sigmund 67, 106, 120, 171, 238

Freund, Gerhard 281, 285

Friedell, Egon 145, 160

Friedjung, Heinrich 250

Friedrich II., König von Preußen 212

Fröhlich, Gustav 184

Fugger, Vera Gräfin siehe Schuschnigg, Vera von 181f.

Garrick, David 101

Gartner, Felix 53–55

Georg I., König von Großbritannien 204

Georg II., König von Großbritannien 204

Georg III., König des Vereinigten Königreichs 204

Georg IV., König des Vereinigten Königreichs 204

Georg V., König von Hannover 203f.

George, Fatty 284

George, Götz 155

Gerngross, Alfred 103f.

Gisela, Prinzessin von Bayern, Erzherzogin von Österreich 23–25, 30f., 249

Glaßbrenner, Adolf 144

Gluck, Christoph Willibald 236

Godeysen, Hubertus 146

Goebbels, Joseph 186

Goethe, Johann Wolfgang von 160, 220

Gold, Käthe 102

Gorbach, Alfons 120

Göring, Hermann 152

Grillparzer, Franz 73, 99

Gruber, Karl 67

Grüll, Gabriela 19

Grünbaum, Fritz 90, 171

Guarneri, Giuseppe 232, 234f.

Habsburg, Otto von
19, 92, 166, 253f.
Habsburg, Regina von
(geb. von Sachsen-
Meiningen) 166
Hacker, Anastasia 19,
260, 262f., 267f., 275,
278–280, 284, 290
Hacker, Friedrich
260, 262, 266, 270
Haderich, Burgherr 200
Haid, Liane 18f.,
183–186
Halley, Edmond 213
Hamann, Brigitte 123
Hamilton, Emma 184
Hansen, Theophil von
170
Harslem, Frank 151
Hartmann, Franz von
73
Harvey, Thomas 164
Haydn, Joseph
98, 162f., 165, 236f.
Haymerle, Friedrich
Baron 183
Heidemann, Gerd
152–154
Herzmansky, August
103f.
Hildebrandt, Johann
Lucas von 101
Hilton, Conrad 160
Hitler, Adolf 18, 52,
113, 124, 146, 152–
154, 180f., 183, 286

Höchsmann, Emilie 49
Hofer, Andreas 120
Hofmannsthal, Hugo
von 66, 227
Holender, Ioan 91
Hörbiger, Attila 171
Hörbiger, Christiane
155
Hörbiger, Paul 90, 169
Horváth, Ödön von
80, 119, 286
Hrdlicka, Alfred 175

Ibsen, Henrik 158
Imhoff, Fritz 171
Innozenz VIII., Papst
127

Jahns, Franziska 241
Jakob I., König von
England 204
Jebhart, Franz 130
Jeritza, Maria 65
Jesus von Nazareth
126, 159
Johann Adam,
Fürst von und zu
Liechtenstein 201
Johann I. Josef,
Fürst von und zu
Liechtenstein 201
Joseph II., Kaiser des
Heiligen Römischen
Reichs 16, 34–41,
71, 96, 119f., 167,
256

Julius, Kellner 66
Jürgens, Curd 16,
169, 276
Jürgens, Simone 276
Jürgens, Udo 169
Just, Thomas 19

Kafka, Franz 160
Kálmán, Charly 60f.
Kálmán, Elisabeth
(Lily) 17, 56–61
Kálmán, Emmerich
(eig. Imre Koppstein)
17, 56, 59–61
Kálmán, Vera (geb.
Mendelson) 56–61
Kálmán, Yvonne 60f.
Karajan, Herbert von
171, 238
Karl I., Kaiser von
Österreich 23, 30,
124, 137f., 140, 168,
188, 245, 256f.
Karl V., Kaiser des
Heiligen Römischen
Reichs 255
Karl VI., Kaiser des
Heiligen Römischen
Reichs 196
Karl Ludwig,
Erzherzog 17, 26,
31, 137–141
Károlyi, Alois Graf 98
Kästner, Erich 16, 271
Katharina II., Zarin
von Russland 212

Keller, Helen
  18, 222–225
Kennedy, Jacqueline
  (Jackie) 123
Kennedy, John F.
  93, 225
Kepler, Johannes 213
Ketterl, Eugen 24, 158
Ketterl, Theresia 47
Kisch, Egon Erwin
  227
Kiss von Ittebe,
  Nikolaus 33
Kittenberger, Theresia
  52
Kleist, Heinrich von
  283
Klimt, Gustav 18,
  187–192
Klopstock, Robert 160
Knepler, Hugo 54
Kolowrat-Krakowsky,
  Alexander (Sascha)
  188
Konradi, Inge 169
Kortner, Fritz 16, 122,
  276
Krankl, Hans 147
Kraus, Karl 146, 186,
  216, 228
Kraus, Karl 67
Kraus, Maria 241
Krause, Gottlieb
  Friedrich 160
Krawarik, Johannes
  102

Kreisky, Bruno
  170, 197f., 284
Kremer, Gidon 234
Kreuzer, Erich 242,
  244, 246
Kreuzer, Hermine
  19, 242–246
Küchl, Rainer 233
Kuh, Anton 145
Kujau, Konrad
  152–155
Kulenkampff, Hans-
  Joachim 147

Lamarr, Hedy 183
Lanauberg, August
  Schwendenwein von
  134f.
Landtmann, Franz 67
Lanner, Joseph 18,
  68, 238–242
Lehár, Anton von
  242f., 245f.
Lehár, Emilie Christine
  (Emmy) 245
Lehár, Franz 18, 60,
  108, 242–246
Lehár, Sophie 245
Lemmon, Jack 170
Leokum, Arkady 274
Leopold, Prinz von
  Bayern 249
Lewinsky, Monica
  148
Liechtenstein, Hugo
  von 199f.

Liechtenstein,
  Johann I. von 200
Lienerbrünn, Anna
  174
Lingen, Theo 169, 184
Liszt, Franz 238
Loew, Paola 284
Loriot (Vicco von
  Bülow) 147
Löwenstein, Susanne
  51f.
Lucheni, Luigi 159
Ludescher, Anna
  46–49
Ludwig I., König von
  Bayern 18, 148–151
Ludwig XV., König von
  Frankreich 35
Ludwig Viktor,
  Erzherzog 137f.
Lueger, Juliane 120
Lueger, Karl 110, 120
Lueger, Leopold 120
Luther, Martin 127

Magenschab, Hans 38
Mahler, Gustav 67,
  160
Manker, Gustav 283
Mann, Thomas 161
Marcus, Siegfried 105
Marek, Emil 50f.
Marek, Ingeborg 51
Marek, Martha 50–53
Margarethe, Prinzessin
  von Sachsen 140

Maria Anna von Spanien, Kaiserin des Heiligen Römischen Reichs 167

Maria Annunziata, Prinzessin von Bourbon-Sizilien 140

Maria Josepha von Bayern, Kaiserin des Heiligen Römischen Reichs 40f.

Maria Leszczyńska, Königin von Frankreich 35

Maria Therese von Braganza, Erzherzogin 31, 140

Maria Theresia, Erzherzogin, Königin von Ungarn 34, 38, 40f., 119, 167, 196, 256

Maria Theresia, Erzherzogin 40

Maria Theresia, Prinzessin von Bourbon-Sizilien 32

Marie Antoinette, Königin von Frankreich 159

Marie Christine, Erzherzogin 16, 36–39, 41

Marie-Louise, Erzherzogin 195

Marie Valerie, Erzherzogin 23–25, 30–33, 248f., 251

Marx, Karl 120

Massary, Fritzi 108

Matthias, Kaiser des Heiligen Römischen Reichs 166

Matthias II., König von Ungarn 45

Mautner Markhof, Manfred sen. 92f.

Maximilian I., Kaiser von Mexiko 137f., 255

Maximilian II. Joseph, König von Bayern 150

Maximilian Thomas, Erzherzog 167

Max Joseph, Herzog in Bayern 130

May, Karl 112f.

Mayer, Friederike 221

Mayer, Peter 181

Menuhin, Yehudi 234

Merz, Carl 267, 282

Metternich, Klemens Wenzel Lothar Fürst 150, 194

Metternich, Pauline Fürstin 139

Middleton, William George (»Bay«) 134

Mitterer, Felix 146

Molden, Ernst 118

Molnár, Franz 89, 227

Monique, Freundin von Lily Kálmán 57

Monroe, Marilyn 123, 170

Montez, Lola 18, 148–151

Morawetz, Franz 111f.

Morgan, Paul 90

Moser, Hans 67, 73, 75, 90f., 102, 147, 169, 171, 184

Mouheb Pascha 55

Mozart, Leopold 236

Mozart, Wolfgang Amadeus 124, 160, 170, 236, 242

Muhr, Hans 170

Muliar, Fritz 169

Müller, Adolf 215

Musil, Robert 227

Mutter, Anne-Sophie 234

Nádasdy, Ferenc von 45

Nannen, Henri 155

Napoleon I., Kaiser der Franzosen 158, 195f., 201, 204, 220, 225

Nelson, Horatio 184

Nestroy, Johann 18, 69, 100, 116,

120, 212, 214–216,
218, 263, 271, 286
Neuberg, Erich
16, 268, 277f., 282
Neuberg, Helga 278
Nikolaus II., Zar von
Russland 136
Nödl, Andreas 192
Novak, Franz 276
Nüll, Eduard van der
112

Oberwasser, Josef 53f.
Obzyna, Gertrude 274
Ochsenknecht, Uwe
155
Otto, Erzherzog 140

Paganini, Niccolò
53, 234
Pallenberg, Max 108
Pamer, Michael 239
Paul III., Papst 128
Pavarotti, Luciano
100
Peißner, Elias 150
Petrus, Apostel, Papst
127
Philipp, Herzog von
Parma 35
Philipp August,
Erzherzog 167
Picasso, Pablo 161
Piefke, Johann
Gottfried 144f.
Piefke, Rudolf 144

Pleyel, Camille 237
Pleyel, Ignaz Joseph
(eig. Pleyl) 235–238
Poe, Edgar Allan 160
Pompadour, Madame
de 35
Popper, Karl 171
Portisch, Hugo 276
Potocki, Graf 175
Presley, Elvis 123
Příhoda, Váša 53

Qualtinger, Christian
19, 261f., 265, 268,
270, 272, 274f., 283,
286, 290
Qualtinger, Helmut
15f., 19, 116, 168f.,
260–287, 289f.
Qualtinger, Leomare
15, 260–265, 267–
270, 272, 275, 279f.,
284, 286, 290

Raab, Julius 67, 170
Rachinger, Johanna
80
Raimund, Ferdinand
73, 105f., 218
Raymond, Fred 113
Rehlen, Mario von
102
Reinhardt, Max
67, 145
Rilke, Rainer Maria
227

Ringe, Johann
Romano Ritter von
134
Roda Roda, Alexander
101, 145, 226f.
Röhsner, Maria
Zdislava 19
Rosenbaum, Joseph
Carl 162
Rossini, Gioachino
124
Roth, Joseph 284–286
Rousseau, Jean-
Jacques 212
Rubinstein, Artur
238
Rudolf, Kronprinz
22f., 26, 29, 110,
134, 136, 138, 140,
165, 249f., 252, 254
Rühmann, Heinz 184
Rumbold, Horace 31

Sachsen-Meiningen,
Regina von siehe
Habsburg, Regina
von
Salieri, Antonio 170
Sallinger, Rudolf 170
Salten, Felix 101
Sandrock, Adele 101
Satke, Arzt 286
Schalek, Alice 228f.
Schalk, Franz 66
Schenk, Hugo
17, 46–49

Schenk, N. N. (Bruder von Hugo Schenk) 49

Schikaneder, Emanuel 242–244, 246

Schiller, Friedrich 264

Schliesser, Roman 276

Schlossarek, Karl 49

Schmetterer, Christoph 19, 24, 30

Schmid, Hansl (Johann) 70

Schneider, Romy 67, 171, 183

Schnitzler, Arthur 66, 101, 120, 170, 228

Schratt, Katharina 27f., 33f., 148, 250

Schubert, Franz 73, 169f., 221

Schuschnigg, Artur 182

Schuschnigg, Herma 180f.

Schuschnigg, Kurt von jun. 18f., 178–183

Schuschnigg, Kurt von sen. 178–183

Schuschnigg, Maria Dolores Edle von (Sissi) 182

Schuschnigg, Vera von (Gräfin Fugger) 181f.

Schwarzenberg, Adam Franz Fürst 196

Schwarzenberg, Carl Philipp Fürst 195f.

Schwarzenberg, Felix Fürst 194f.

Schwarzenberg, Georg Ludwig von 196

Schwarzenberg, Heinrich Prinz 197

Schwarzenberg, Heinrich von 199

Schwarzenberg, Josef III. Fürst 197f.

Schwarzenberg, Karl (Karel) 194, 197f.

Sedlnitzky, Josef von 221

Seidemann, Margarethe 172

Seidemann, Rudolf 172

Seligmann, Franz Romeo 162f.

Sellers, Anne 88

Sellers, Peter 87

Sennhofer, Josef 123f.

Sesta, Karl 171

Seyrl, Harald 49

Seyß-Inquart, Arthur 180

Shakespeare, William 101

Shaw, George Bernard 86

Sicardsburg, August Sicard von 112

Sima, Oskar 171

Sindelar, Matthias 171

Siricius, Papst 126

Sitwell, Edith 160

Slezak, Leo 64

Sophie, Prinzessin von der Pfalz 204

Sophie, Erzherzogin 112, 138, 140, 251

Sophie, Herzogin von Hohenberg 29, 167

Sowinetz, Kurt 277

Spanyi, Adalbert von 29

Spycher, Carl 184

Stainer, Jacob 235

Steiner, Franz 107

Steiner, Gabor 107f., 110

Stejskal, Franz von 108

Stephan Báthory, König von Polen 44

Stephanie, Kronprinzessin (verh. Fürstin Lónyay) 26, 110

Stolz, Robert 184

Stradivari, Antonio 232–235

Straus, Oscar 108

Strauss, Adele 108

Strauss, Johann (Vater) 68, 105, 111, 239–241

Strauss, Johann (Sohn)
99f., 108, 111, 170,
238, 240f.
Strauss, Josef 105
Strauss, Lili 108
Strauss, Maria 105
Strauss, Richard 108
Strobl, Toni 171
Suchenwirth, Richard
113
Sullivan, Anne
223–225
Suttner, Bertha von
113
Szemere, Herr von
175

Tauber, Richard 244
Taylor, Elizabeth 281
Thatcher, Denis 88
Thatcher, Margaret 88
Timal, Josefine 47
Timal, Katharina 47
Todesco, Moritz von 99
Tonina, Geliebte
Casanovas 209f.
Torberg, Friedrich
66, 124, 170, 284
Torberg, Marietta 284
Trakl, Georg 229
Trani, Ludwig Graf 32
Trani, Mathilde Gräfin
26, 32

Treffz, Jetty 99
Tretter, Sandra 191
Tschaikowski, Piotr
55
Twain, Mark 161, 225

Ucicka, Maria 187
Ucicky, Gustav
187–190
Ucicky, Ursula 18f.,
187–192
Ustinov, Peter 87

Valentin, Karl 147
Veigel, Eva Maria 101
Veitegger, Martin 136
Verdi, Giuseppe 76
Vetsera, Mary 165
Victoria, Königin
des Vereinigten
Königreichs 204
Villa, Pancho 159
Voltaire 212
Vuillaume, Jean
Baptiste 234

Waechter, Eberhard
91
Wagiha Mouheb
Pascha, Prinzessin
53–55
Wagner, Richard
99, 161

Waldstein, Joseph Graf
211
Wasserleonburg,
Anna Neumann von
196f.
Weinhäupl, Peter
19, 191
Werfel, Franz 66, 227
Werner, Oskar 67
Wessely, Paula 102,
171, 183, 188
Wicki, Bernhard 285
Widerhofer, Hermann
von 131
Wilde, Oscar 86, 158
Wilder, Billy 170
Wilhelm II., Deutscher
Kaiser 135
Windisch-Graetz, Otto
Fürst 29
Witelson, Sandra 164
Wollenhaupt, August
124

Zierer, Philipp 174
Zilk, Helmut 170
Zita von Bourbon-
Parma, Kaiserin von
Österreich 92
Zukerman, Pinchas
234
Zweig, Stefan 227
Zwerenz, Mizzi 108

*»Eine gesunde Portion Neugierde steckt in
jedem Menschen, wer aber Bücher schreibt,
sollte besonders neugierig sein.«*

In den 40 Jahren seiner Karriere als Autor und Journalist hat sein
Wissensdurst Georg Markus zu einer Vielzahl von spannenden historischen und zeitgenössischen Entdeckungen verholfen. Mit Blick
von heute beleuchtet der Erfolgsautor seine besten Geschichten neu,
ergänzt bisher unbekannte Erkenntnisse sowie geheime Details und
verrät, wie »alles aus Neugier« entstanden ist.

Aus dem Inhalt:
Beethovens Verhaftung
Frau Schratt geht fremd
Wie viel verdiente Mozart?
Wie ich Mary Vetseras Gebeine fand
Brahms lag im Papierkorb
Das Phantombild des Herrn Karl
Ein Tagebuch zum Spionagefall Redl
Die Rache der Kronprinzessin
Kennedy & Kaiserhaus
Wie ich den Donauwalzer rettete
u. v. a.

Georg Markus

Alles aus Neugier

40 Geschichten aus 40 Jahren

320 Seiten, mit zahlreichen Abbildungen
ISBN 978-3-99050-160-3
eISBN 978-3-903217-39-3

Amalthea   amalthea.at